# 镰仓与室町时代

## 武士集团的崛起

樱雪丸 著

图书在版编目（CIP）数据

镰仓与室町时代：武士集团的崛起 / 樱雪丸著. -- 重庆：重庆出版社, 2022.1
（樱雪丸高清日本史；3）
ISBN 978-7-229-15792-0

Ⅰ.①镰… Ⅱ.①樱… Ⅲ.①日本—古代史—镰仓时代—室町时代—通俗读物 Ⅳ.①K313.209

中国版本图书馆CIP数据核字(2021)第071344号

### 镰仓与室町时代：武士集团的崛起
LIANCANG YU SHITING SHIDAI: WUSHI JITUAN DE JUEQI
樱雪丸 著

策划编辑：李 子 李 梅
责任编辑：李 梅
责任校对：李小君
装帧设计：九一设计

**重庆出版集团**
**重庆出版社** 出版
重庆市南岸区南滨路162号1幢 邮政编码：400061 http://www.cqph.com
重庆升光电力印务有限公司印刷
重庆出版集团图书发行有限公司发行
E-MAIL:fxchu@cqph.com 邮购电话：023-61520646
全国新华书店经销

开本：890 mm×1240 mm 1/32 印张：7 字数：210千
2022年1月第1版 2022年1月第1次印刷
ISBN 978-7-229-15792-0
定价：49.80元

如有印装质量问题，请向本集团图书发行有限公司调换：023-61520678

**版权所有　　侵权必究**

目 录
CONTENTS

第一章
源赖朝
001

第二章
源赖家
016

第三章
北条政子
030

第四章
忽必烈
046

第五章
北条时宗
062

第六章
后醍醐天皇
078

第七章
楠木正成
090

第八章
足利义满
108

第九章
一休
122

第十章
北条早云
153

第十一章
斋藤道三
179

# 第一章 源赖朝

## ●征夷大将军

建久三年（1192年）三月十三日，一代伟人后白河法皇因病去世，享年66岁。

这位一生都在致力于压制武士抬头，拼命光复皇权，与天斗其乐无穷，与地斗其乐无穷，与人斗更加其乐无穷的日本大天狗，终于再也不用跟人斗来斗去了。

四月，源赖朝从镰仓来到了京都。

他不是来参加追悼会的，而是想要来升官的。

此时源赖朝的官位是日本国总追捕使兼总地头。

官儿是挺大的没错，而且听起来也威风，很有一种六扇门四大名捕的感觉——总追捕使等于日本警视厅总监，想抓谁就能抓谁；而地头是一个职务，负责土地管理、收税治安等事务，顾名思义，总地头就是日本境内所有地头的扛把子。

但这种万万人之上的地位，仍不能让源赖朝满足。

他的意思是想要搞一个古往今来空前绝后且能传给子孙后代的官位。

这个大胆的想法传到朝廷，让大家很是恐慌，总觉得这厮是在琢磨着想当天皇。

这种感觉并非空穴来风。撇开他对"官位能传子孙后代"这点设想不说，事实上早在十几年前，源赖朝就已经开始打造经营起了自己的镰仓政权：治承四年（1180年），他设立了侍所，以用于掌控包括御家人在内的武士们。

御家人就是源赖朝直属的武士，类似于后来大清的高级八旗。

寿永二年（1183年），迫于镰仓方面的压力，朝廷不得不承认了他们对关东地区的统治现状。希望你还记得一代猛将平将门当年也曾经想要获得这样的认可，结果遭全日本讨伐，自己还被人迎风一箭射中脑门而死。

寿永三年（1184年），源赖朝再设公文所和问注所。次年（1185年），受封京都守护，拥任命守护和地头之权。

文治五年（1189年），源赖朝担任奥州总奉行。次年（1190年），受封右近卫大将，因为既有兵权又有政权，所以他在镰仓的府邸被称之为幕府。

再次年（1191年），源赖朝改公文所为政所，用于处理政务和财务。

总之，七七八八地这么一步步走来，一直走到建久三年（1192年）来京都要官的时候，源赖朝基本上已经是一个以东日本为根据地可以顺手统治全日本的存在了。

但他并不想当天皇，也不想跟平将门一样分裂祖国做个新皇。对于源赖朝而言，自己的目标就是位极人臣，不过得搞得标新立异一点。

最终，看上了征夷大将军这个职位。

我们知道，征夷大将军是编制外的岗位，而且不常设，确切讲来是不会在非战时的情况下设立,而源赖朝之所以对其青睐有加,主要是因为他觉得在天下太平之时当了战时最高司令官,至少能在名分上一统全国武士。

由于此时唯一能扛住源赖朝的后白河法皇已然撒手人寰,所以时任天皇后鸟羽准了源赖朝的心愿,于当年(1192年)七月任命其为征夷大将军。

老官新做,意义大有不同——日本从此迈入了武士的时代。

## ●打个猎都不太平

建久四年(1193年)五月,源赖朝率领各御家人在富士山下举行了一场盛大的围猎。

主要是大将军新上任,要向全天下的人彰显一下自己的威仪。

这种活动无论是日本还是中国都不算少见,由于既娱乐大众又能顺手练武习军,所以多年来都颇受那些好武功喜战勋的统治者们的喜爱。

然而,事情并没有想象中的那么欢愉。

打猎打到第三天早上,源赖朝挎着弓带着人四处转悠,想找点兔子啊梅花鹿之类老实可靠的小动物刷刷经验。正走着呢,突然听到不远处传来窸窸窣窣的动静,再一看,前面的灌木丛有着非常异样的抖动,看幅度,像是鹿,还挺大的那种。

大家都知道,这是买卖送上门了。

于是源赖朝立刻弯弓搭箭摆好姿势,而周围家臣则集体后退一步——你是领导,你先射。

结果弓还没拉满,"噌"的一声,一头野猪窜了出来。

有过深山老林生活经验的人都知道,野猪这种动物,是可以跟老虎以及黑熊单挑的。

要说到底是征夷大将军，好一个源赖朝，眼瞅着跟前这庞然大物朝自己奔袭而来，愣是不慌不忙地拉满弓弦，略一瞄准，便一箭射去。

没中。

再射已经来不及了，而那些退在后头的家臣们也顿时傻了眼：总觉得出来的肯定是一头鹿，总觉得自家主公不可能射偏，总觉得就算射偏了反正是一头鹿也没啥。

所以人生在世不要老是你觉得，要老天爷觉得。

眼看着镰仓幕府第一代大将军刚上任不到一年就要被猪给拱死了，突然源赖朝背后响起一声呐喊，只见得一人跳上前来，从腰间抽出佩刀，迎着野猪便冲了上去。

此人名叫仁田忠常，乃藤原南家之后，自承治四年（1180年）源赖朝起兵以来便紧随左右，多年来战功赫赫深受信赖。

仁田忠常照着野猪就是当头一刀，虽然确实砍中了，可劈得不深，受伤的野猪只是往后退了几步，并没有倒下的意思。

忠常来不及多想，紧跟上前又是一刀，一气连劈带捅地怼了五六刀，才把野猪给赶跑了。

这一天，据说源赖朝连晚上睡觉都得让仁田忠常蹲在门外头守着，生怕再来一头什么乱七八糟的野兽破门而入。

十六日，还没从野猪突袭的阴影里走出来的源赖朝正坐在中军帐里头，忽然有人来报，说是从猎场传来一个特大喜讯，世子爷源赖家射死了一头鹿。

源赖家系源赖朝和北条政子所生，当年不过12岁。平心而论小朋友第一次参加这种大型娱乐活动就能在一群能征善战的糙老爷们儿中间有所斩获，着实不易。所以源赖朝闻讯后高兴异常，一边下令赏赐儿子以及陪同其左右的几位老臣,一面亲笔书信一封寄回镰仓,向老婆北条政子报告这一好消息。

富士山下离镰仓不远,因此隔了一天北条政子的回信就送到了猎场。

在信中,政子先是表示:知道了。接着又反问源赖朝:你那么高兴干吗?武士的嫡子射杀一头小鹿,岂非理所当然之事?

源赖朝当时脸色就有点不好看了,感觉自己是在自讨没趣。

他给北条政子报喜,除了觉得儿子12岁能够单独猎杀一只鹿确实是武勇可嘉外,更因为源赖朝想借此告诉老婆:我们的儿子一定能够成为一名合格的继承人。

结果,源赖朝碰了一鼻子的灰。

二十七日,包括源赖朝在内的各路人马都没有因为之前的种种事端而影响心情,大家继续大马金刀地围猎小动物们,斩获数字不断飙升,将活动推向了一个接着一个的高潮。

就在源赖朝本人琢磨着再去找一只兔子还是一只山鸡来练练手的当儿,突然,不远处的灌木丛又一次地发出了那耳熟能详的窸窸窣窣之声。

还是那熟悉的声音,还是那熟悉的节奏。

大家知道,野猪又来了。

于是身边家臣下意识地催马站定在主公跟前,弯弓搭箭,只待猎物出现。

然后没想到的是,这次蹦出来的是一头鹿。

据史料记载,这是一头很大的鹿,比当时那几位掌握着全日本实权的大佬们胯下的马都还要高出一头。

但毕竟是鹿啊。

所以源赖朝欣喜万分,高喊一声"放着我来",并拍马上前,举起了手里的弓箭。

就在箭欲离弦之际,突然身后传来一声:"主公且慢!"

大家回头望去,乃是老臣工藤景光。

工藤景光是真正意义上的老臣,当年都八十多岁了。

他叫住源赖朝的原因是老头觉得自己活了那么久,从未见过如此伟岸的鹿,所以希望主公可以看在自己年事已高的分上,把猎物让给自己。

源赖朝觉得无所谓,况且工藤景光不光是重臣,工藤家也是辅佐镰仓幕府的重要家族。于是他直接来了个顺水人情,挥了挥手,示意工藤景光,那你就射吧。

只见工藤景光弯弓搭箭,边上的人都屏住了呼吸——老头是当时闻名整个日本列岛的名射手,能看他现场一展身手的机会堪称是一辈子的幸运。

结果万万不曾料到,大家这一天是"三生有幸"。

只听得"啪"的一声弦响,一支利箭如追星之光射了出去。

然后没中。

工藤景光颤抖着右手,从箭袋里又摸出一根箭,搭在了弦上,射了过去。

又没中。

当工藤景光第三次拉弦时,他的手颤抖得更厉害了。

还是没中。

而那只鹿,用怜悯的眼神看了他一眼,回身一跃,跑进了森林深处。

工藤景光将手中弓箭狠狠往地上一扔,仰天大喝一声,顿时泪流满面。

大家知道,老头这是心态崩了。

这时候，包括源赖朝，谁也不敢上去说什么，只是由着他暗自哭泣。

哭了一会儿，老头调转马头，走向源赖朝："老夫自十岁驰骋疆场以来，从未有过今日这般的失手，我想这是因为这头鹿来历不凡吧。"

好歹是八十多岁的重臣，源赖朝也不好意思多说什么，只能顺着往下问，说那依你之见，它是什么来头？

"我想，如此不畏弓矢又身形巨大的鹿，必然是某位山神的坐骑。既有神灵加持庇护，也难怪老夫三射不中了。"

大家心里想，这也能甩锅，厉害，真厉害。

但嘴上大家还是劝着，说老马失蹄乃人生常事也，工藤大人您千万别往心里去。

而工藤景光很倔强地摇了摇头，又对源赖朝说道："这绝不是失手，而是神明在警告着我们什么，老夫觉得，这场围猎该到此为止了。"

源赖朝并不在意，口中只是顺水推舟地哄着工藤景光，说好好好，行行行，没问题没问题，你让我考虑考虑。

这一天的围猎，就这么在微妙的奇异氛围中结束了。

然后当天晚上，工藤景光非常离奇地病倒了。

源赖朝前去探望时，老头一把拉住他的手，说道："殿下，我们已经触怒了山神，这就是前兆，如果再不结束围猎，怕是要大祸临头。"

说这话的时候，老头一副寿终正寝之前的模样，纵然是久经战阵的源赖朝，也感到背后阵阵发麻。

于是当场传令，说围猎活动到此结束，大家辛苦了，今晚好好休息休息，明天启程回家。

这话不说不要紧，一说，当下整个猎场就炸锅了。

我们之前说过，围猎本质上是属于大型娱乐活动，对于武士而言，跟今天的"轰趴"①差别不大。本来活在公元13世纪的人民群众精神文明就比较匮乏，难得碰上这么一次大乐子，说不玩就不玩，谁肯干啊？

所以一干家臣连忙劝谏源赖朝，说工藤大人上了年纪了，连着这么十几天鞍前马后地打猎，当然身体撑不住。而且人一老脑子也就糊涂，再加上生了病，难免说些傻话，您怎么能当真呢？

源赖朝想想好像也是这个道理哦，再加之自己似乎也没玩够，于是便取消了命令，表示大家明天继续。

这一天晚上，源赖朝照例在自己的大帐里请了几个重臣喝了点小酒，正高兴的时候，突然从营帐门外闯进来一个黑影。

黑影约莫20来岁，一脸的杀气中还带着几分蒙，手里握着一把短刀。

所有人的第一反应就是，这厮要来暗杀源赖朝。

于是一群关东武士呼啦啦全都蹦了起来，嗷嗷喊着一拥而上，将来人摁倒在地。

还没来得及问"你是谁？你从哪里来？你要干什么？"这哲学三连问，又一个黑影闯了进来。

"那个畜生去哪儿了？！殿下，您没事吧？"

黑影一手拎着一个人头，一手操着一把带血的钢刀，心急火燎地问道。

原来是那日单斗野猪的门神仁田忠常。

经过现场审问，大家算是明白了事情的大致经过。

---

① 轰趴源自英文"Home Party"的发音，意为私人举办的家庭聚会。今天在国内，则多指聚会、派对。

黑影小伙名叫曾我五郎时致，时年19岁，跟他同时潜入猎场的，还有他哥哥曾我十郎祐成，就是被仁田忠常提在手里的那颗脑袋的主人。

就在刚才，这兄弟俩刺杀了同在猎场陪着源赖朝打猎的幕府重臣工藤祐经。

杀完之后当场就引起了巨大的骚乱，于是哥俩分头逃跑。

跑路途中，哥哥慌不择路，迎面碰上仁田忠常，于是被一刀两断；而弟弟也慌不择路，一头撞进了源赖朝的大帐，被当场擒获。

作案动机是家仇——工藤祐经曾经试图暗杀自己的老丈人伊东祐亲，然后没杀成。这本是常事，但那个刺客可能以前是工藤景光的徒弟，趁着伊东家搞围猎，躲在草丛里放冷箭。结果一箭射去，伊东祐亲安然无恙，反倒是把身边的儿子河津祐泰给射下了马，当场就死了。

河津祐泰也叫伊东祐泰，因为继承了河津庄的领地，所以顺手改了姓。

他死的时候，留下了老婆和俩孩子，孤儿寡母的也不容易活下去，于是老婆改嫁去了曾我家。两个孩子也改了姓，一个叫曾我五郎时致，另一个叫曾我十郎祐成。

所以尽管是贴身重臣，但源赖朝也觉得，杀父之仇不共戴天，他工藤祐经死得不冤。

况且曾我兄弟俩已经死了一个，按照一命抵一命的原则，剩下的那个也该留他一命了。

况且，曾我家也不是什么小门小户。两兄弟跟源赖朝的妻家北条家关系并不一般，在成人礼上，给他们加冠的那位，叫北条时政——这是源赖朝的岳父，也是曾我兄弟的姑父。

而就在源赖朝有心高抬贵手的当儿，工藤家自然是不干了。

工藤家长子犬房丸，当年只有8岁，哭着跑到源赖朝跟前，说自己从此就是没了爹的孩子了，下面还有几个弟弟，若是不能把曾我五郎交给工藤家处罚，那么自己兄弟几个，也不打算活下去了。

然后工藤家的其他家臣也纷纷表示，如果将军大人您就此放过曾我五郎，那我们肯定不会善罢甘休的。不就是一命抵一命么，他们曾我家才几条命啊？

而源赖朝身边的人也都觉得曾我五郎该杀。尽管他们跟工藤祐经没什么太大的瓜葛，但这些人普遍觉得，如果当天曾我兄弟没有被抓被杀，那么他们下一个目标很可能是源赖朝本人。

基于种种推测种种考虑，源赖朝决定就地处死曾我五郎。

以上事件，史称曾我兄弟报仇事件。

当然，围猎活动也真的只能提前结束了。

## ●大将军的弟弟不好当

曾我兄弟夜闯猎场杀人的消息，很快就传到了镰仓。只不过传到镰仓时，事情的一些经过有了稍稍的改动。

比如有消息称，兄弟俩的刺杀目标不是工藤祐经，而是源赖朝。

又比如有消息称，他们成功了。

自然，镰仓那边是一片震惊。

其中心理波动最大的当然是北条政子。

老公被砍死了，儿子生死不明，刚刚创立一年半载的镰仓基业分分钟就风雨飘摇了。

那自己的下场会是什么？

她不想去想，也不敢去想。

此时整个镰仓基本也都是人心惶惶——别说之后了，就源赖朝现在是死是活，也没人说得清。

说得清的那几个，基本都在富士山下打猎呢。

就在这生死存亡之际，一个人横空出世，宛若中流砥柱一般挡在了这惊天洪流前。

他叫源范赖，是源赖朝同父异母的弟弟，在家排行老六。

虽然是兄弟，但源范赖的出身非常不行，不行到他母亲在历史上连个名字都没能留下，相关记载只有一个短短的句子：池田宿的游女。

池田宿位于今天日本的静冈县。日本自古以来喜欢把几个村落一起形成的比较热闹、行商旅行之人特别多的市街称之为什么什么宿，比如新宿、原宿等等。

然后游女，就是卖艺同时也卖身的女性。

但出身卑微并不妨碍源范赖平步青云。虽然目前尚未有确凿史料记载他是否参加了1180年源赖朝起兵推翻平家的行动，但在1184年，他确实作为自己哥哥的代理人，率大军出征京都，讨伐了当时如日中天的木曾义仲。

在此后追击消灭平家的战争中，源范赖亦立下赫赫战功。有战神之称的一代美男子源义经，也对这个哥哥的军略夸赞不已。

而日后在镰仓幕府堪称顶梁重臣的畠山重忠、梶原景时等人，此时也是源范赖的麾下之将，各个服服帖帖，从无二言。

总体来讲，源范赖无论是用兵还是从政，特点就是一个字：稳。

所以在源赖朝被暗杀的谣言传到镰仓之后，作为代理大将军处理政务的他，第一个想到的是维稳跟辟谣。

他把尚在镰仓的一干重臣都叫到跟前，开了个会，会议主题就是：将军根本没死，切勿信谣传谣。

因为源范赖是一个以稳出名的人，而且又挺能说会道的，再加之，确实目前也没有源赖朝被暗杀的实证，所以很快，重臣们就相信了源范赖的说法，纷纷表示，自己绝不信谣传谣，同时也会跟手底下通气，让大家继续牢牢团结在镰仓幕府周围。

应该讲工作会开展得非常顺利，但实际上对于源赖朝到底死没死这事儿，源范赖自己也没底。

因此在私底下跟北条政子商榷的时候，他也不得不对嫂嫂直言相告：得做好最坏的打算。

北条政子到底是个女人，更何况死的可能是她丈夫，无论是家事国事，她都非常担心害怕。

而源范赖依然很稳，他跟嫂嫂表示：莫怕，有我。

"就算兄长不在人世，镰仓有我一手掌控局面，您尽管放心。"

这是一句很稳的话，但北条政子听完后更害怕了。

只不过当时她不能说什么，只能顺水推舟，说那就全都仰仗叔叔了。

六月初，当然没有被砍死的源赖朝回到了镰仓，头一件事，就是把源范赖叫到了跟前。

"听说，你想谋反？"

兄长的开门见山，让源范赖一腔的话语梗在了胸口。

这是从何说起啊？

"你都跟你嫂嫂说，镰仓由你一手掌控了，还说不是想谋反？"

源范赖更加蒙了，话他确实说过，但肯定不是这个意思。然而当他要再解释的时候，源赖朝只是挥了挥手："你下去吧，我今日不想再见到你。"

既然是"今日"不想再见，那么明日再说吧。

源范赖抱着这样的想法，回家吃饭去了。

但第二天，显然源赖朝也不想见到自己的弟弟。

第三天，第四天，第五天，第六天……

源范赖很焦虑，这种情绪也被传达给了他身边的人。

八月二日，好消息终于传来，说是幕府将军有令，想找自己的弟弟过去聊聊天。

源范赖只当是哥哥想通了，兴冲冲地跑了过去。

而源赖朝这一次似乎出人意料地好说话，只是淡淡地表示，以前的事情既往不咎了，今后我们还是好兄弟，只不过你得写一份誓书给我，保证你这辈子忠于镰仓幕府，没有任何二心。

源范赖松了一口气。

不就是把心里话给写在纸上嘛，这有啥不会的。

当场就洋洋洒洒地写满了一整张纸，然后签上了自己的名字：源范赖。

然而，源赖朝只看了一眼，就怒容满面："你说你叫什么？"

源范赖啊。

"源，只有是我们源家的嫡流才能用的，你也配姓源？"

源范赖当时就跪了，趴在地上颤抖不已，汗如雨下。

这真是个老实人。

换个狠一点儿的，多半反怼一句：怎么，不给姓源，那我叫平范赖好不好？

反正总是一死，事到如今还有甚可怕的。

只不过源范赖怎么都想不明白，哥哥为什么要这么苦苦相逼。

而源赖朝一直都记得，当年他要征伐另一个弟弟源义经时，首选大将正是源范赖，而这位从来都唯自己"马首是瞻"的六弟，打死都不肯对那个最小的弟弟刀兵相见，态度之强硬，让源赖朝始料不及。

梁子就是从这个时候结下的。

013

源赖朝本质上是一个没什么安全感的人，好不容易有了这份基业，看谁都像是来横刀夺爱的，包括自己的亲弟弟，在他眼里都有可能成为自己的死敌。

他是真怕有一天自己真的死在前头，源范赖真的对天下人说道：那镰仓幕府，由我源家范赖一手掌控。

到时候，自己那尚且年幼的几个儿子，该何去何从？

这一天，源范赖非常狼狈地回去了。

兄弟之间，再度陷入了沉默。

八月中旬的某一天早上，源赖朝起床准备吃早饭，刚从被窝里爬出来，在榻榻米上没走几步，就觉得不太对。

他叫来随身的侍卫："地底下有人藏着。"

那个时候日本房屋的设计通常是用柱子作为地基撑起整栋房子，所以地板下都是空的，藏个把人根本不在话下。

果然，下面就躲着个人。

大家的第一反应是丫是刺客。

但那人矢口否认："我叫当麻太郎，是源范赖的手下。"

于是大家确信了：果然是刺客。

什么叫瓜田李下，这就叫瓜田李下。

但当麻太郎咬死不认，说自己是自发跑来鸣冤上访的。因为自家主公压根儿就没有想谋反的意思，之所以会通过挖地三尺这种上访方式，主要是你源赖朝过于脱离群众，想见都见不到，这才自行出此下策，铤而走险。

话说得很诚恳，道理也没什么大毛病，但源赖朝并不认可。

他觉得当麻太郎肯定是源范赖派来暗杀自己的。

八月十七日，源赖朝下令，将源范赖送去伊豆的修善寺幽闭。

所谓幽闭，就是关禁闭。

十八日,镰仓幕府出动结城朝光、梶原景时、仁田忠常等重臣,各率所部人马将源范赖家团团围住,一门老小包括身边家臣,几乎一个没留。

至于那位当麻太郎,因为早先已经被流放了,反倒是活了下来。

他的后人定居在了今天的鹿儿岛县,改姓新纳,后来战国时代赫赫有名的鬼武藏新纳忠元,便是当麻太郎的子孙。

而源范赖之后怎样,在史料上却并没有记载。

有说法称,他在当年八月下旬,便自尽于修善寺内。也有传言说,他从寺里跑了出去,到了埼玉县内的安乐寺,出家当了和尚,度过了余生。

但不管怎样,源赖朝的兄弟真的不好当。

# 第二章 源赖家

## ● 不是一家人，不进一家门

1199年（建久十年）2月9日，源赖朝病逝。

这事情发生得挺突然的，用日本人自己的话来讲，叫"急死"。

死亡经过是这样的，话说1199年的1月，相模川上造了一座桥。这在当时属于大事，就跟后来上海造杨浦大桥一样，所以落成的时候，源赖朝亲自去了，带着一批重臣，骑着高头大马走在桥上。

然后马蹄一软，源赖朝应声而落，人头朝下，摔在了桥上。

当时人就站不起来了。

送回镰仓养了一个月，没养回来，就这么去了。

享年52岁。

很多人都对此表示不可思议。因为作为日本武士政权的缔造者，源赖朝本人的身体素质应该非常好，驰骋疆场都不在话下，更何况只是桥头遛马，再说又是50出头这个说老也不算老的年纪。

所以，这其中必有蹊跷。

再加上当时最权威的史料《吾妻镜》中，对于源赖朝的死因也没有做过多的诠释，便很容易让人联想到是不是有什么不可告人的秘密。

于是人民群众往往就会在这种时候发挥出超乎常态的想象力：有的说是有奸臣暗害；还有的说是那一天源赖朝在桥上俯视水面时，看到了平家的冤魂，吓得跌下了马来。

不过值得一提的是，在一个叫近卫家实的公家的日记里，对于源赖朝的身体状况倒是有一些比较详细的记载，说他在去世的数年前，便患上了饮水之病。

饮水之病就是现在的糖尿病。

众所周知，糖尿病的主要症状就是会导致身体无力，以及双目接近甚至直接失明。

至少这就能很好地解释源赖朝为何会从马上跌落了，同时，也至少是一个比看到鬼魂要来得靠谱许多的死因了。

源赖朝故去之后，由儿子源赖家继承了幕府将军之位。

这位二代将军时年17岁，其实在当时已经算是挺大个人了，但有人却觉得他还是个孩子，别说国家大事，就连家务事都整不明白，因此需要手把手辅佐着。

那个人就是北条政子。

从源赖家继位的一开始，所有的大权就被他的生母紧紧握在了手中。

虽然在今天的历史学界，人们往往会给予北条政子很多差评，比如一手遮天的女将军、镰仓幕府背后的女魔头、日本版的吕后等等，但如果要我说的话，她其实是一个极度没有安全感的女人——这点跟源赖朝倒挺像，真的是"不是一家人不进一家门"。

北条政子出身的北条家，说到底只是伊豆的一个普通豪族，就是土地主。如果不是源赖朝当年太落魄了，已经沦为阶下囚被流放了，哪怕他不是幕府将军就是普普通通的源家大少爷，那么从门当户对这个角度出发，北条政子也根本不具备嫁给他做正房大老婆的资格。

这大概可能就是命，让一个小地主的闺女一跃成为了天下的御台所。

御台所就是幕府将军的正房大老婆的称呼。面对这一份从天而降的大富大贵，北条政子第一个想到的就是如何守住它。

在她的概念里，富贵的根源是自己的丈夫，换言之，只要看住了老公，自然就万事搞定了。所以在源赖朝当上了将军之后，北条政子立刻展现出了恶妻的一面，就是很恶毒很母老虎的一面，用尽一切手段将自己的丈夫看得死死的。

当时的日本王公贵族有个三妻四妾十几二十个子女都不算什么事情，但是源赖朝不同，在老婆的高压政策下，终其一生，只有四个儿子。长男千鹤，夭折；第二个儿子跟第四个儿子都出自北条政子，唯一一个小老婆生的庶子叫贞晓，算是侥幸偷吃得逞后的漏网之鱼。这个贞晓年仅七岁就被送去当和尚了，而且从他剃光头起一直到圆寂都没见过自己的亲生父亲。

源赖朝去世之后，源赖家继位。本来按理说这下政子不用再来担心有人跟自己抢老公了，毕竟你老公都已经埋了。但是偏偏她仍是放心不下，觉得儿子年纪太小，需要自己手把手教着来做事情。

于是在北条政子的一手策划下，镰仓幕府搞出了一个制度叫作十三人合议制，就是选出当年源赖朝身边的老臣总共十三人，在北条政子的带领下共同辅佐第二代将军。这十三人里头包括了北条政子的父亲北条时政以及她的弟弟北条义时。从这个时候起，北条家的势力开始不断渗透进了幕府的核心层。

这样就引起了源赖家的高度不满。本来这个人说小其实也不小了，因为在那个时代十三四岁就能生孩子了，十七八岁小孩都可以打酱油了，结果自己天天被老妈外公老舅把持着当傀儡，搁在谁身上都不高兴。

于是一场母子对抗赛就这么打响了。

## ●老丈人被逼急了，总会帮女婿的

母子对弈，源赖家的优势是年轻，劣势是太年轻，年轻到了幼稚的地步。

面对十三人合议制，其实最好的化解方法是挑起内斗，发动他们自己斗自己，让这帮老臣们狗咬狗去——毕竟所谓重臣之间，都是彼此不服的，根本没有友谊可言。

但源赖家偏不，他的做法是又拉了一批年轻的，跟自己混得好的家臣，来充当近臣，用于对抗北条政子。

这么一来就等于是活生生地把原本各怀心思等同于四分五裂的十三老臣给逼成了一个手拉手的团队，并站在了新将军的对立面。

那肯定是半点胜算都不会有。不仅那几个年轻武士很快就被踢出了政治核心圈，就连源赖家也被北条时政数次当着众人的面唾骂为独断专横，并要求他多亲贤臣远小人，可谓是颜面丧尽。

输掉第一回合后，源赖家明白了过来，开始从十三老臣内部下手。

他准备拉拢一批，再对抗一批。

想法不错，关键是拉拢的人有问题。

源赖家第一个拉拢的，是梶原景时。

如果用一句话来介绍这个人的话，那就是他乃十三老臣中，人缘和人品都最差的一个。

所以梶原景时不但三个月都没混满就被赶出了权力中心,更在正治二年(1200年)正月,家家户户大团圆的大过年时节,全家被杀。史称梶原景时之变。

幕后主使自然是北条时政跟北条政子父女。

经此一变,剩下的十二老臣里也没什么人愿意跟源赖家混了——虽说是跟着新将军能赌未来,但一旦输了全家都看不到明天的太阳了,实在是不值当。

不过,唯独有一人不这么想,他叫比企能员。

比企能员,关东武藏国(埼玉县)豪族,据说是藤原秀乡的后裔。当然,这并不重要。

他是源赖朝身边跟了很久的老臣,从流放伊豆开始便已伴随左右,几十年来不离不弃。不过,这也不重要。

重要的是,比企能员的养母,乃是源赖朝的乳母;他的老婆,是源赖家的乳母;他的女儿,是源赖家的老婆;他的外孙,是源赖家的儿子。

就冲这些关系,让比企能员心里很清楚,自己除非脑子被刀砍了,不然是绝不可能跟十二老臣其乐融融再帮着北条家来对付源赖家的。

更何况,一旦帮着源赖家翻盘,那自己就是下一个北条时政。

比企能员的对策比较粗暴,就是直接起兵,用武力解决北条家。

他断定所谓的十三老臣合议就是北条政子一边拉拢人心一边想让北条家不断渗透幕府核心的产物,别看念头的是北条时政,盼着他死的不知道有多少人呢。如果真的快刀斩乱麻地把北条家给干掉了,其他老臣中绝不会有任何人给北条家出头的。

至于能不能打赢北条时政,比企能员则自信满满。一来,比企能员这个人也确实是东征西讨了几十年的战场老将了；二来是因为他自己的领地也很大，兵多将广，真怼起来断不会虚。

不过考虑到毕竟不是小事，为了稳中求更稳，比企能员还特地给远在鹿儿岛的自家郎党岛津忠久送去了消息，要他做好准备，随时带着自己的隼人大军来镰仓清君侧。

郎党就是家臣。

这消息一送出，比企大人顿感十拿九稳了。

毕竟是岛津忠久啊。

## ●日本最能打的民族

鹿儿岛县，位于日本列岛中九州岛的西南边陲，在当年被分成了三个分国：萨摩，大隅和日向的一部分。俗称三州，其中，以萨摩最为出名。

众所周知，日本一直以来就被称为"大和"，而日本人也被称为"大和民族"。日本现在是一个由单一的民族组成的国家，不过也不是说就没有少数民族了。现今仍然存在的，生活在北海道的阿依努族，约有两万五千人，和总人口超过一亿的大和民族相比较，是不折不扣的"少数民族"。而在古代，日本的少数民族则远远要比现在多，不仅在人口比例方面，种族数量方面亦是如此。比如说，除了北海道的阿依努族之外，还有生活在萨摩的隼人族。

隼人族的生活地域大致在萨摩和大隅两国，也就是现今的日本鹿儿岛县。其中，居住在萨摩的隼人，被冠以"萨摩隼人"的称呼，但是并没有大隅隼人之类的说法。个中原因要从公元5世纪的时候，隼人族正式开始服从当时的中央朝廷说起。

隼人族尽管服从了中央，但是一直非常不稳定，拒绝纳贡之类的那是家常便饭，叛乱造反也是频频发生。而长期生活在贫瘠的土地上，经常受压迫中的隼人，个个勇猛彪悍以一当十，一时间地方官员的剿灭军还真拿他们没办法。不过这些都只能算是小打小闹，所以也就睁眼闭眼权当没发生过了。

一直到了几百年后的养老四年（720年），发生了一件惊动上下的事情。那一年，为了反抗朝廷新订的征税制度，大隅的地方行政官员阳侯使麻吕被当地住民给杀了。朝廷立刻任命大伴旅人为征隼大将军，率领一万多大军征讨大隅，部队集结在九州东西两侧分别进攻。隼人则聚集了数千人分别守在七个据点抵抗，这七个据点后来被称为"隼人七城"。

隼人确实能打。面对十倍于己的大军，他们整整坚持到了第二年的7月才宣告失败。

朝廷见识到了隼人的武力，决定实行怀柔政策。

政策具体分两步走：第一，将大隅的隼人如数送到京城附近，作为宫廷的守护或者相扑艺人安置下来，并且设立了隼人司这个官职来统一管理；第二，那个征税制度也暂缓实行了，一直整整延缓了八十年。

从此之后，大隅的隼人基本上都背井离乡了。九州西南的隼人，以萨摩的隼人占绝大多数，所以，萨摩隼人这个称呼也就流传了下来。

但不管是哪边的隼人，都非常能打，出了名的能打。

平安时代，朝廷为萨摩派来了一位地方官，这位官员姓惟宗。

惟宗家是秦氏之后，也就是中国秦始皇的后裔。

文治元年（1185年），惟宗家的惟宗忠久，因跟随比企能员征讨平家有功，故拜领岛津庄领地，同时改名为岛津忠久。

所谓岛津庄，就是萨摩、大隅和日向的一部分。

建久八年（1197年），岛津忠久出任萨摩、大隅两国守护，没多久后，幕府又把日向国守护也封给了他。

再说岛津忠久收到比企能员的消息后，并没有拒绝。

## ●善哉，他杀了他的干爹

建仁三年（1203年）六月，源赖家率家臣出去围猎，就跟他爹源赖朝当年富士山围猎差不多，属于武士阶级的轰趴。

深山老林里，源赖家带着手下各种弯弓射大雕玩得很嗨皮（Happy，开心），在路过一座山时，他意外地发现了山脚边有个洞。

然后这孩子好奇心就上来了，想去探险。但源赖家这个孩子属于有贼心没贼胆的主儿，自己不敢进，于是回头望去，想找个胆儿大的。

一看，还真有那么一个——仁田忠常。

希望你还记得这位当年单刀怼野猪的汉子。

但仁田忠常虽然一身是胆，却是一个有信仰的人，他表示这种山洞里指不定住着什么神仙，贸然进去，怕是会遭天谴。

仁田忠常这话不说还好，一说源赖家就不干了，说自己乃是征夷大将军，别说是这么一个破山洞，就算是伊势神宫，还不是想去就去的？这要真有什么报应，算在本将军头上便是了。

话说到这份上，仁田忠常也只能硬着头皮进去了。

走了一圈出来，说洞里什么也没有，但阴森森的，感觉很不好，将军您还是去玩儿点别的吧，莫凑这热闹了。

一听没什么好玩的，源赖家也就作罢了。

围猎结束回到镰仓后，将军就病倒了。

一时间人事不省，眼看着就要追随父亲的脚步而去了。为了以防万一，北条政子和北条时政带领着老臣们作出了一个预案：将军的位置肯定是给源赖家的儿子源一幡来继承的，但是日本六十六分国中，关西三十八分国的地头由源赖家的弟弟，即北条政子的另一个儿子源千幡担任，剩下的二十八国地头才是源一幡的。

作为源一幡的外公，比企能员当然不能接受，但其他老臣却大多支持这个方案，对此比企能员也不多说什么，反正自己心里早已有了盘算，何必再跟你们多费口水呢。

回到家中经过一番思索后，比企能员找到了源赖家的老婆，也就是自己的女儿若狭局，先问了她一个问题：将军现在还有没有意识？还能不能听得懂人话？

在得到了肯定的回答后，能员让女儿转告她的老公：惊天之变就在眼前了，如果再不做决断，怕是幕府将军都得姓北条了。但是，只要贤婿你点个头，老夫这就把北条家上上下下给杀个干干净净。

若狭局把这话原原本本传达给了源赖家。然后在9月1日，病榻上的源赖家特地把老丈人给叫了过去，专门点了点头给他看。

得到了圣旨的比企能员，当即在源赖家跟前作出承诺，定不负厚望，守住女婿的基业。

源赖家含着热泪，说我知道了，全仰仗岳父您了。

另一边，北条政子也含着眼泪，对前来告密的人说，我知道了，你退下吧。

当天晚上，北条时政派人来到比企能员家，说我儿子北条义时今天在家里举办祈福大会，祈祷将军早日康复，你作为幕府重臣又是仅次于源赖家亲妈的重要亲戚，可一定得到场啊。

傻子都能看出来，这是要玩套路了。

比企能员当然也看出来了。然而面对众家臣和亲朋的竭力劝阻，大哥仍然决定该去就去，因为如果在这节骨眼上不去的话，反而会给北条家一种做贼心虚的感觉，那么大事必将不能成也。

同时，他对家中某些成大事者必先苟活于世的论调也作出了驳斥，认为富贵险中求，既然对方要套路老子，那么老子就先反套路他们。

其实他是在赌自己的计划尚且还没有泄露给北条家。

九月二日，比企能员如约来到北条义时家，为了让自己看上去更加坦荡荡，他特地让随从留在门外，自己着常服，手无寸铁地走进了大门。

我觉得这已经不能再叫套路了，应该叫抖机灵。

抖机灵的下场就是，比企能员进去后再也没出来。

片刻后，北条义时率北条泰时、畠田重忠、平贺朝雅、和田义盛等一干重臣，带着大军浩浩荡荡地杀向了比企家。

仅仅一天，比企能员全家被杀了个干净，同时一起被杀的，还有源赖家的儿子源一幡。

五日，病得不省人事的源赖家终于睁开了眼睛，然而当他知道了三天前发生的一切之后，再度两眼一黑，倒了下去。

七日，在北条政子的一手操持下，镰仓幕府第二代将军源赖家宣布辞去将军一职，并出家为僧。

继任将军的，是他的弟弟源千幡，之后改名为源实朝。

尽管遁入空门，但北条政子终究是没有放过这个亲生儿子。元久元年（1204年）七月十八日，源赖家被北条义时所派刺客所杀，年仅21岁。

暗杀的时候，他正在洗澡，然后被刺客拿着绳子往头上一套，赤身裸体地拖出去，再赤身裸体地拖进小黑屋一刀结果了性命。

话再说回源实朝，他当第三代将军的时候只有11岁，这真的是小朋友了，所以更加没有悬念地成了他妈妈的傀儡。而为了更好地把持朝政，北条政子还专门新设了一个职务叫执权，由她爹北条时政出任。

所谓执权，名义上指的是幕府将军的政务助理，实际上就是将军的代理人。北条时政在这个位子上干了一年多，传给了自己的儿子北条义时，说白了，此时日本的国家大权已经落入了整个北条家之手。

虽然北条政子这个时候明面上一直表示自己和北条家仅仅是辅佐摄政，等到将军长大了之后必然会把政权还过去，但是将军终究是没能长大。

承久元年（1219年）正月二十七日，连日的鹅毛纷飞让镰仓的地面上早已结上了二尺余厚的积雪。这天早上，源实朝突然来了兴致，踏着厚厚的白雪，前往镰仓的鹤冈八幡宫拜神。

因为毕竟是大人物，所以源实朝的拜神仪式很长，并且在他本人参拜的时候，身边侍从都会在神宫主殿外等候。

等拜完了正要往回走的当儿，突然迎面走来一个神官打扮的年轻人，而源实朝则丝毫没有诧异对方为何挡住了自己的去路，反而还略一点头，口中轻轻地说了一句："善哉。"

但那位神官却一点也没有善哉的意思，只见他噌地一下从腰间抽出一把刀，对着源实朝就径直撞了过去，口中大喝一声："杀父之仇，今日得报了！"

等到外面的家臣左等右等都没把自家主公等回来，心感不妙冲进去找人时，里面只剩下了一具倒在血泊中的无头尸体。

源实朝，终年27岁。

家臣们立刻清点了当时主殿里所有的相关人员，发现所有人都在，唯独少了别当，也就是神宫内大小事务的负责人，他的名字叫源公晓。

源公晓，二代将军源赖家的次子，幼名善哉。

破案了。

话说在源赖家当年裸死小黑屋后，他唯一的血脉就是跟足助重长之女生下的儿子源公晓，时年不过3岁。

因为他爹属于被暗杀，名义上是没有任何罪过的，所以源公晓自然也没有被牵连，并由祖母北条政子一手抚养。同时因叔叔源实朝一直都没有生孩子，所以在祖母的安排下，源公晓还成了实朝的犹子，就是干儿子。

等稍长大了一些，源公晓知道了一些过去的事，就坚定地认为，叔叔是自己的杀父仇人。

然后由于他的身份确实也有点儿敏感，故而在他12岁的时候，被送去圆城寺出家，之后又在北条政子的授意下，去了鹤冈八幡宫做别当。

可能你不是很能理解上面这段话的意思，我来说明一下：如果放在中国的话，源公晓就是先被送去做了和尚，之后又去了道观做了道长。

你也觉得有点奇怪是吧？但北条政子会这么安排，是因为鹤冈八幡宫的规格很高，在那里面做别当，地位比幕府重臣都要来得厉害，但却没有实权——如果源实朝当真一辈子都没能有儿子，那么将会由这么一个地位虽然高却没有任何政治手腕跟资源的源公晓来出任第四代将军，今后的日子，岂不又能继续由北条家说了算？

结果人算不如天算，你费尽心思下了一盘大棋，有人却直接把棋盘都给你踹了。

不过话说回来,这个源公晓说是一介出家人,但当真是一条热血汉子。且讲他杀了源实朝后,割了脑袋直接就挂在了裤腰带上,然后两手叉着腰就这么从小门走出了鹤冈八幡宫。

然后这位大哥一身的血迹,别着个脑袋去了一趟自己幼年的监护人家。虽然对方已经吓了个半死,但他依然镇定自若,还在人家家里吃了个晚饭——吃饭的时候,源实朝的脑袋都依然挂在腰间。

吃完,源公晓叫来一名下人,让他去给自己乳母的丈夫三浦义村送个信,说我把将军杀了,现在源家血脉就剩我一人了,你琢磨琢磨,接下来该怎么办。

三浦义村连琢磨都没琢磨,直接通报了北条义时,而北条义时也没琢磨,直接下达了追杀令。

另一边,源公晓还在等三浦家的回信,但等了很久也没来,于是便出了门,准备亲自去三浦家问个究竟。

才出门,就碰上了前来追捕他的幕府武士,但对方其实并不认得源公晓,只是看他这气质,这做派,还有腰间那颗脑袋,实在是忒扎眼,于是例行公事地一声高喊:"来者可是……"

"我就是鹤冈八幡宫别当公晓,腰间首级,正是杀父仇人源实朝。"

"我乃长尾定景!"

源公晓被就地斩杀,时年 21 岁。

从这一刻起,镰仓幕府第一代大将军源赖朝的血脉,算是断了。

尽管确实还有一个活口在出家当和尚,可那个时候日本佛家戒律还很严,说白了就是他这辈子就别再想着给家里留后了;至于那几个孙子,要么英年早逝要么受各自亲爹的连累一块儿没个好死。总之，源赖朝绝后了。

你说这是杀光平家又不放过自家兄弟的报应也好，是历史必然的悲剧也罢，总之，对于北条政子和时任执权北条义时来讲，首先需要解决的是另一个非常严峻的问题——接下来，该由谁来当将军？

# 第三章 北条政子

## ●镰仓爱情故事

源实朝被暗杀后,鉴于源赖朝嫡系绝嗣,北条政子又不愿意让北条家的某个亲戚来当将军以免分走了自己的权力,便把目光转向了京都的朝廷。

虽说是已经迈入了武士的时代,但在镰仓时代这种武士政权的初级阶段,朝廷的存在感还是很强的。

针对这种存在感,从源赖朝那会儿幕府便已经开始各种"做功课"了。像源赖朝本人,就曾经想出过一个很骚的操作——准备把自己的女儿大姬,嫁给当时的后鸟羽天皇做皇后。

可能你会觉得这是一个很正常的举动,毕竟让皇室流淌着自己的血脉乃是每一个重臣的共同想法。

但关键是,后鸟羽天皇当时已经有皇后了。

更绝的是,当时镰仓幕府在朝廷的最靠谱盟友是时任关白九条兼实,而源赖朝正是想通过他,找到天皇商量是不是换个老婆过日子的事情。

然后这位九条大人不是别人,正是皇后九条任子的亲生父亲。

换在今天就好像你的甲方客户找到你，叫你让自己女儿跟女婿离婚，然后安排他女儿跟你女婿相亲凑对。

那九条兼实当然不肯啊，非但不肯，还跟源赖朝从此反目成仇。

源赖朝自然也有手段。他先是串联了一大批九条兼实的政敌，把九条兼实的关白之位给免了，接着也不管天皇乐不乐意，又把九条任子的皇后给废了。

这下后鸟羽重归单身，娶也得娶，不娶也得娶。

来年再生个胖儿子，源赖朝就是天皇的外公了。

镰仓这边如意算盘打得比炮仗都响，凤冠霞帔八抬大轿都准备好了，结果另一边，大姬得了急病，并于建久八年（1197年）七月十四日去世，年仅20岁。

大姬是一个虽然出身富贵，但却命运多舛的女人。

她是源赖朝和北条政子之间的第一个孩子，6岁那年跟木曾义仲的儿子源义高结了娃娃亲。跟大多数封建包办婚姻不太一样的是，订婚当时源义高已是被送去源赖朝那里的人质，所以在镰仓待了好几年，跟年龄相差不大的大姬玩得很好，两人堪称是两小无猜的青梅竹马，金童玉女。

结果木曾义仲后来被源赖朝击败，源义高被抓后也被处死，当时只有12岁。

消息传来，大姬悲怆不已，伏地痛哭数日，大病了一场。

从此，她拒绝了一切为她安排的婚事。

这一次的婚事，一来源赖朝死磨硬泡，二来确实女大当婚，三来北条政子也在旁相劝——母女俩的感情非常好，当年源义高死于一个叫藤内光澄的人之手，结果就为了安抚大姬那受伤的心，北条政子愣是逼着源赖朝把有大功劳的藤内光澄给砍了脑袋并枭首三日。

就这样，大姬才勉强答应，嫁入皇宫。

但最终，她还是没能踏入大内。在后世的所有记载中，这位连正经名字都不怎么有记录的公主的丈夫，永远都是源义高。

顺便一说，在大姬病故大约四百年后，又有一位幕府将军也打算把自己的女儿嫁入宫中，让下一代天皇身上流淌着自己的血脉，那便是德川家康。

更巧合的是，家康的女儿也在结婚前，病故离世了。

谋事在人，成事当真在天啊。

话再说回镰仓，虽说大姬病故，这事儿终究没能成，但源赖朝这一路操作得罪了无数公卿，包括后鸟羽天皇，这伙人自然都是不肯善罢甘休的。只不过当时幕府风头正盛，朝廷公卿本质上就是手无缚鸡之力的代名词，因此肯定不能拿那群手握钢刀的关东大汉怎么着。

现在机会来了——源赖朝绝后，镰仓大乱，怎么着也该轮到朝廷出场了吧。

此时后鸟羽天皇早在建久九年（1198年）就让位给了儿子土御门天皇，自己成为了后鸟羽上皇。

尽管幕府已然是那副德行了，但上皇大人仍旧觉得，目前还不是主动出击的好时候，再等等，让子弹再飞一会儿，兴许机会就自己上门了呢。

果不其然，源实朝死后还没一个月，镰仓幕府那边就派人去京都了。

使者开门见山先问了后鸟羽上皇一个很直白的问题：您还有多余的儿子没？

作为名垂日本青史的"高产量"皇帝，后鸟羽上皇光儿子就有十几个，这事儿幕府当然知道，属于明知故问。

所以上皇也装傻，反问说你想干吗？

"执权想从皇子中间挑出一人，出任第四代将军。"

"哦。"

"这样一来，幕府和朝廷的关系不就更紧密了吗？"

"嗯。"

"您看，既然是皇子，那这将军以后也不用称幕府将军，直接称宫将军，岂不更贴切？"

"呵呵。"

"……"

幕府使者有点说不下去了，因为捧哏的太不配合。

从皇子中找一人来当将军，确实是北条义时的创意，他的思路非常明确：虽然请皇子直接当将军，等于是一件看起来对朝廷而言实属大便宜的事情，但这大便宜其实并不便宜。因为首先皇子跑到镰仓来，连根基都没有，别说处理政务了，连生死都在北条家的手上；其次，这妥妥的就是人质啊，以后要挟朝廷至少手里有筹码了。

后鸟羽上皇也不傻，从使者的第一个问题开始他就大致猜到了对方的盘算，同时，也很快打响了自己的算盘。

"幕府想要立宫将军，这当然是好事，我不反对。"后鸟羽上皇说道，"不过，既然是更紧密地结合，那总要有点诚意吧？"

"陛下口中的诚意，指的是……？"

"比如，从今往后，各地的地头任命，将由我们朝廷来负责。"

使者脸上的笑容逐渐凝固了。

他只推脱说，兹事体大，需要回去跟执权大人商量后再行回复。

执权北条义时当然没有同意，但将军的位子肯定不能空着，所以，还得想法子。

## ●皇族血脉很多时候不是必需品，只是加持而已

对于镰仓幕府而言，将军当然肯定得有，但这个将军是不是一定得是皇子？答案自然是否定的。

很快，北条义时就找到了摄关藤原家，直截了当且开门见山，说我这里缺个将军，你们家有没有男丁？有的话，价格你开。

藤原家很善解人意地表示，同为藤原北家九条流的九条道家有个儿子，叫三寅，就是年纪小了点，才1岁，您看这事儿是不是……

北条义时更善解人意：只要是男的就行，年龄算啥，谁还不是从1岁长起来的？

经过一番了解，大家发现九条三寅小朋友虽然是摄关藤原家的种，但他父亲九条道家和母亲西园寺公经，居然是表兄妹。而他们有一个共同的祖母，那就是源赖朝同父同母的妹妹坊门姬。

包括北条政子都觉得，这关系一下子就被拉近了呢。

三寅就此成为了镰仓幕府的第四代将军，不过正式上任是在七年后（1226年），那一年他举行了元服礼，并改名为藤原赖经。

因为来自摄关藤原家，因此藤原赖经也叫摄关将军或者公卿将军。

顺便一提，宽喜二年（1230年），12岁的第四代将军藤原赖经结婚了，老婆是源赖家的女儿竹御前，女方比男方大了整整16岁。

女大三抱金砖，女大三十送江山。

再说后鸟羽上皇在听说幕府找了这么一个还在喝奶的小朋友如此凑合地当了将军，心里并不好受。

他知道幕府肯定需要将军，也知道将军肯定得出身高贵，同

样知道如果将军身上有皇家血脉，对幕府对朝廷都是好事。所以后鸟羽觉得，既然你幕府能把皇子当成人质送去镰仓当将军，那我也能反把皇子当筹码，来跟你谈条件。

只是上皇大人并不知道，或者说并没想到，皇子这种身份加持，纯属大年三十的兔子肉，有它没它都得过年。

新将军上任了，幕府过年了。

上皇决定撕破脸了。

承久元年（1219年）七月十三日，在没有任何预兆的情况下，后鸟羽上皇亲自率兵突袭了镰仓幕府京都守护源赖茂。

袭击的理由据说是因为同时兼任大内警卫工作的源赖茂，知道了上皇的倒幕计划。

源赖茂兵少将寡没打赢，战死了。

消息传到镰仓，北条义时果断选择了装不知道。

除此之外他别无选择，不然能怎么样？跟天皇来硬的？

几百年来，在日本这个国家，有几个敢跟天皇家硬怼的？

数来数去，就一个连全尸都没留下的平将门。

好在京都守护总共有三人，除去源赖茂，还有一个伊贺光季，一个大江亲广，而大江亲广就是幕府十三合议重臣之一大江广元的儿子。

## ●天皇会武术，谁也挡不住

面对幕府的认怂，后鸟羽上皇决定再接再厉。

这是一个在当时属于非常罕见的天皇——他平生最大的爱好是练武打猎，并且精通军略。在当天皇的时候，就专门设立了属于皇家的武装力量：西面武士和北面武士。

承久三年（1221年）五月十三日，后鸟羽上皇让当时的顺德天皇退位，称顺德上皇，然后立年仅3岁的怀仁王子为君，称仲恭天皇。

虽然这是院政时代开始就有的套路，不过后鸟羽自己却并没有出家当法皇，因此当时日本尽管只有一个天皇，却同时存在着三位上皇：后鸟羽、顺德和土御门。

十四日，后鸟羽上皇一边召集所部西北两面武士，一边派出使者串联在京的幕府御家人，告诉他们，镰仓幕府自源家嫡系绝嗣后，以执权北条时政和北条义时父子为首的北条家多年来各种为非作歹，令人忍无可忍，现在我代表天子，决定正式讨伐幕府。你们这些人虽然算是镰仓家臣，但早先大多是跟着源家混饭的，现在源家早凉了，也就没必要死跟着北条家了，只要你们弃暗投明，我非但既往不咎，事成之后还将重重有赏。

当天，尾张（爱知县西部）守护小野盛纲，近江（滋贺县）守护佐佐木广纲，检非违使判官三浦胤义以及另一名京都守护、大江广元的亲生儿子大江亲广表示，愿意服从朝廷指挥，跟幕府划清界限。

而另一名京都守护伊贺光季则表示：誓死不从。

这里有一个人需要专门拿出来提一下的，那就是大江亲广。

他爹是十三合议老臣之一的大江广元，这个我们之前已经说过了，但你可能不知道这人的地位到底有多高。

大江广元，自1180年跟随源赖朝起兵，一路攻城略地战功赫赫。天下安泰后，他出任了政所别当，就是镰仓幕府负责财政和律法诉讼的首长。

用现在的话讲，就是财政部部长兼最高法院院长。

之后，为了更好地建设"新时代"的日本，他跟源赖朝提出建议，说是应该在全日本分国设立守护和地头,并被源赖朝采纳。

往小了说,大江广元是镰仓幕府统治基础的理论奠基人;往大了吹,日本八百年武士时代的理论奠基人之一,正是这位人爷。

在政治斗争方面,此人也是足智多谋稳中有稳。梶原景时死了他岿然不动,比企能员全家被杀光了他仍照样出席重臣会议,源赖家倒了他依旧吃香喝辣,畠山重忠被弄死了他仍然是重臣大佬,源实朝被源公晓砍死了,他照样是执权外的头号所在。

结果,儿子叛变了。

叛变的理由没人知道,或许是因为大江亲广跟源实朝关系很好,源实朝的横死,他一直都觉得是北条义时在背后捣鬼。

但如果从后面发生的事情来看,大江亲广更有可能是卧底。

五月十五日,因为另一名京都守护伊贺光季不肯服从,后鸟羽上皇出动八百精骑攻打了他们家。经过殊死抵抗,伊贺光季最终力战而亡。

杀完伊贺光季的当天,后鸟羽上皇以天皇的名义昭告天下,自己不日将率雄兵数十万御驾亲征,并将北条义时和镰仓北条家定性为朝敌。

所谓朝敌就是朝廷的敌人,这是日本从古至今最严重最恶劣的罪名,比十恶不赦更十恶不赦,一旦成了朝敌,那么全天下上至幕府将军下至要饭的,都能对你共讨之。

事到如今,镰仓方面再也不能装鸵鸟了。

## ●在日本,宁可做杀人犯也别当朝敌

对于这场继平将门后第二次天皇对武士的对抗战,后鸟羽上皇这一边有着十足的自信。

根据三浦胤义的分析，幕府那边有胆量跟天子大军抗衡的，最多也就千把人，拿下镰仓，指日可待。

后鸟羽上皇听着这话，非常满意，但也不忘多问一句："那你哥哥呢？有消息了吗？"

三浦胤义的哥哥是幕府十三老臣中的三浦义村，上皇觉得如果把他也拉拢过来，那这一盘基本就稳了。

对此，三浦胤义自信依旧："如果您愿意封家兄做总追捕使，那我保证他一定会加入我们。"

后鸟羽连连点头，表示没问题。

于是，三浦胤义连夜派人送信去了镰仓，内容很简略：哥，加入我们能当总追捕使哦。

而三浦义村的回信更简略：滚。

不过，终究是来自天皇家的宣战，你要说镰仓幕府的那些大大小小的武士，包括北条义时本人在内，内心完全没有波动是肯定不存在的。事实上大家多少都有些动摇，有些跟北条家没什么太贴近利益关系的甚至还在想，要不要索性投靠朝廷得了。

十九日，镰仓方面召开了军事会议，商量对策。

会议由北条义时主持，北条政子也列席在侧。讨论的主题是：朝廷的大军就要来了，我们该怎么守住镰仓。

大家心不在焉地各抒己见。有的说，干脆就把防线筑在镰仓，我们的身后就是镰仓大佛，决不允许后退一步。

还有的说，这样太危险，要不往前推一点，在箱根设下防线，这样至少还有个退路。

众人争论了很久都没能得出结果。

"诸位，就你们这脑子，也算是历经杀阵的武士？"

一个浑厚的声音响了起来。

抬眼望去，是大江广元。

"您有什么高见？"一直沉默着的北条政子也发话了。

"依老夫看，这次战争，我们只会有一条战线，那就是京城。"话音刚落，下面哗然一片，唯独北条政子两眼放光。

"朝廷的部队截止到现在也就那么几千人，如果放任他们一路从京城进军到关东，那么在这路途中会有多少随波逐流加入其中的人，你们想过没有？真到了箱根，我们会有多被动？"说着，大江广元扫了一眼在座的所有人，"相反，若是我们主动出击，不仅能打朝廷一个措手不及，在这一路上，各地武士看到我们幕府的军威，也一定会主动加入，到时候，就是我们占据主动了。"

"但是，现如今我们是朝敌啊，你有多少把握越打越多？搞不好半道上就被别人借着讨贼的名义给消灭了呢。"三浦义村表示了反对。

"我们是朝敌？谁说的？"

"废话，天皇啊。"

"放屁，天皇今年才3岁，连朝敌两个字都不会写。"

"大江，你揣着明白装个毛的糊涂？现在的朝政是后鸟羽把持，他可是上皇。"

"笑话，现在京城里有三个上皇，凭什么就他后鸟羽说了算？"

"大江大人，你这就是在胡搅蛮缠了，现在其他两个上皇也没说我们不是朝敌啊。"

"那就再立一个上皇，让他站在我们这边不就行了。"北条政子又一次开了口，"我也觉得，直接打上京城才是上策。"

"不行啊姐姐。"北条义时显得很焦虑，"现在也别说其他地方，光是镰仓就已经是人心惶惶了，贸然主动出击的话，搞不好真像三浦说的那样，队伍走半道上就一哄而散了。"

北条政子看了一眼弟弟，叹了一口气，摇了摇头："这样吧，明天你把家中大小都聚集起来，我跟他们说两句。"

## ●从古至今，女人都比男人更会煽情

五月二十日，奉公于镰仓的数百名御家人应邀齐聚一堂。在他们面前的，是已故镰仓幕府开创者源赖朝的遗孀，北条政子。

根据日本的惯例，大人物离世之后，老婆都会出家，这点是从唐朝学来的。

所以当时的北条政子其实已经遁入佛门，但由于依旧掌握着幕府大权，老百姓都亲切地称她为尼将军。

这要在中国，就她这所作所为，妥妥的得人送外号灭绝师太啊。

"诸位，我有一言，请大家静听。"师太的开场白很佛系，但紧接着，画风就变了，"这是我在人世间最后的话语了。"

底下开始窃窃私语起来，大家交头接耳互相探讨，师太这是准备圆寂了还是怎么的，把气氛搞得那么悲哀。

"诸位，源赖朝殿下消灭了当年的朝敌平氏一门，在镰仓建立了现在的基业。往后至此，各位官位也提升了，家业也增加了，可以说，跟平家治世时完全是天差地别，过上了幸福祥和的小日子。"

"可是，"北条政子突然提高了声音，"这些都是托了源赖朝殿下的福吧？！"

刚刚还沉浸在北条师太描述的岁月静好中的御家人们，被这高了八百度都不止的嗓门猛然惊醒，然后纷纷点头称是：是啊，谁不是跟着初代大将军打天下，一步一步才有了现在的日子呢。

"没错，源赖朝殿下给诸位的恩情，比山高，比海深！"北条政子越说越激动,"然而,现在有人不想让你们过这种好日子!像京都的后鸟羽上皇,他伪造圣旨,谎称我们是朝敌,还拉拢了藤原秀康、三浦胤义之流,试图将我们镰仓基业摧毁殆尽,将源家三代所缔造的一切毁于一旦,你们说,作为镰仓儿郎,该怎么做?!"

还能怎么做,当然是怼回去呗。

到底是关东武士,话听到此处,大多都开始嗷嗷叫着撸起袖子来了。

北条政子摆手示意大家安静,然后缓缓地开了口,这一次,她的语气很平静:"当然,我也知道,识时务者为俊杰,现在朝廷确实看上去来势汹汹,所以如果在场有人想去投靠,我不阻拦,只不过求您一件事,那就是临走之前,就在这里杀了我,带着我的头颅,去找那后鸟羽上皇邀功请赏吧!"

话音未落,底下便群情激愤了起来,有人甚至当场开始号啕大哭,一边哭,一边跟后辈们说自己跟源赖朝当年如何艰苦奋斗才有了今日的镰仓幕府,哭完一抹眼泪,咬牙切齿地表示,别说是后鸟羽上皇假传圣旨,就算说咱们是朝敌的圣旨是真的,老子也要干掉他。

当天,北条义时宣布,分三路大军朝京都进发。

第一路从走北陆道,由北条一门的北条朝时带领,经越后(新潟县)再一路南下,过美浓(岐阜县),至京都。

第二路走东山道,交给甲斐(山梨县)的武田信光,自甲斐一路西进,直插京都。

第三路走东海道,领兵大将乃北条义时的儿子北条泰时,沿着箱根山脉,过骏河(静冈县),走三河(爱知县东部),最终抵达京城。

军令宣布完之后，北条义时又做了一件事：当场给当时在座的每一位御家人，发放了一份盖有镰仓幕府大印和自己签名的承诺书，承诺他们一旦取胜后，将给每人发放领地。同时领地的大小、位置的远近，也都在承诺书中一一标明。

要是没这玩意儿，光靠师太那几句话，其实也很难有理想的效果。

一切安排妥当，便正式进军了。

临走前，北条泰时找到父亲，问了一个问题："如果我遇到了天皇亲征，该如何应对？"

北条义时不以为然："天子今年不过3岁，怎可能亲征？"

"如果呢？"

"那你绝不能对他动手，立刻放下武器，下马投降。不过要是他不来，那不管来的是谁，都弄死就完事儿了。"

"那要是上皇来呢？"

"那无所谓，弄死。"

## ●皇上，您怎么造反了？

在派出三路大军出发的同时，北条义时还让人跑了一趟京都，在那里散播谣言，说镰仓各级武士对朝廷向来忠心耿耿，这次天皇官方宣布北条家为朝敌，虽然迫于北条政子和北条义时姐弟俩的淫威大家明面上不敢说什么，但背地里都暗自为朝廷叫好。总之，目前的镰仓，已然是乱作一团了。

后鸟羽上皇信了。

虽然朝廷里有几个尚且脑子还没坏的人觉得这肯定是谣言，准备出来辟谣，但都被上皇一顿骂，有几个还被罢了官。

六月初，沉浸在形势一片大好中的后鸟羽上皇突然接报，说幕府三路大军已经杀将过来，最近的一路已经快到近江（滋贺县）了。

此时，大江亲广主动请战，后鸟羽上皇同意了。

他跟北条朝时在近江一个叫食渡的地方展开了大战，然后被打得全军崩溃，几乎是只身一人跑回的京都。

这是幕府和朝廷之间的第一战，由于大江亲广的战败，让全体镰仓武士的士气极度高涨。之前可能还抱有一些疑虑的，现在无不坚信大江广元的决战京都计划，与此同时，大江亲广的儿子大江佐房，也在此时从镰仓出发，随后援部队出阵京城。

六月五日，武田信光率五万大军抵达美浓的大井户，迎战他们的是朝廷方大将大内惟信。

大内大人当时手里只有两千人，所以没有任何悬念地被击败了。

六月六日，幕府主力北条泰时抵达战场。作为北条义时的嫡子，他刚出镰仓时，跟随其后的不过数千人马，但果真如大江广元说的那般，一路走一路不断有后来者以及旁观者的加入，等进入尾张（爱知县西部）时，已然是十万大军了。

当天在杭濑川，北条泰时对阵了朝廷方面的主将之一山田重忠，然后取得了大胜。

至此，后鸟羽上皇在京都外围的防线全部被攻破，站在他家门外的，是三路大军共计十九万人。

六月十四日，幕府军攻入京城，山田重忠以及另外两名主将藤原秀康和三浦胤义一路败退至御所。当他们敲打着御所大门，希望后鸟羽上皇带着天子亲自对战幕府军时，上皇非常果断地紧闭上了大门。

山田重忠仰天长啸：我们都被这厮货给骗啦！

他可能并不知道，此时此刻，他口中的厮货后鸟羽上皇正在写信——上皇大人写了一封情真意切的举报信,举报山田重忠、藤原秀康和三浦胤义三人,挟持天子和上皇,企图消灭幕府,而自己只是一个可怜的,没什么用的受害者罢了。

六月十五日,山田重忠战死。

同日,三浦胤义自尽。

藤原秀康则一路逃跑,但最终还是在当年十月被抓,之后送回京都斩首。

至于后鸟羽上皇的那封信,也确确实实被送到了北条义时的手里。

没有然后。

北条义时要是能信这东西,他也别在镰仓混了,去非洲当个酋长都能被手下毒死。

所以在七月,幕府很清晰地把后鸟羽上皇定性为首犯。当然肯定不能杀他的头,最终也只是将其流放至隐岐岛,就是今天岛根县往北的一个离岛上。

顺德上皇则被送去了著名矿区佐渡岛。

仲恭天皇被废,幕府挑选了高仓天皇的孙子继承大统,称后堀河天皇。

其余相关人等,也都该杀的杀,该关的关。

唯独大江亲广,并没有受到什么惩罚,据说是他爹大江广元和儿子大江佐房苦苦哀求。但我一直觉得,就近江食渡那第一战的表现来看,这人十有八九是卧底。

就此,这场史称承久之乱的历史事件被画上了句号。

这是日本史上第一次武士战胜了朝廷。

从此之后,镰仓幕府,或者说北条家开始彻底凌驾于京都宫廷之上了。只要别太过分,他们想要的一切,无论是想要哪个贵族哥儿来镰仓还是要哪个皇子当将军，朝廷基本只能乖乖就范。

武士，占据了日本的绝对地位。

天下，终于可以称得上是安泰了。

# 第四章 忽必烈

## ●蒙古人来了

承久之乱后,全日本都被以镰仓幕府为首的武士政权拿捏在了手上,这个我们已经说过了。

至于幕府将军,自第四代藤原赖经起,代代都是从朝廷的皇族或是公卿里选出来的,只顶个名儿,真正的政权则由代代担任执权的北条家一手掌控。

这种非常具有日本特色的和平小日子一过就是五六十年。虽然看着有些别扭,可倒也风调雨顺内外相安,一直到文永五年(1268年),平静终于被打破了。

那年春天,一队来自蒙古帝国的使节团,造访了日本。

蒙古帝国就是一代天骄成吉思汗在公元1206年开创的基业,经过了六十多年的奋斗已经扩张成为了一个横跨欧亚的大国,当时的可汗是忽必烈,使节团正是他派来的。

而使节团的团长叫潘阜,是个高丽人。

高丽就是朝鲜。话说当年唐灭高句丽后,因为跟新罗又不对付上了,所以想顺手把他们也给一并揿了,但却没打过,反而让新罗顺势逆袭，得到了朝鲜半岛大部分的领土，然后定都庆州，史称"统一新罗"。

到了公元9世纪，朝鲜半岛发生动乱，各地势力蜂拥而起，又被分裂成了三个国家，称后三国时代。其中后高句丽国有个将军叫王建的，于公元918年发动政变，改国号为高丽，并且先后灭掉了其余两家，最终在936年再度重新统一半岛，也就是高丽王朝。

高丽王朝在公元1258年的时候因为实在是自觉再也扛不住蒙古人的攻打了，于是便只好表示了臣服之意，总算是保留了祖宗的基业和传统的文化。不过作为交换，除了要对蒙古称臣之外，每一代的高丽君主继承人都必须送往蒙古帝国接受蒙古式的教育，然后才允许回国继承王位。

再说忽必烈收服了高丽之后，蒙古帝国上下都以为这回可汗要一心专攻南宋了，可没承想，那家伙却把目光转向了日本。

公元1266年，忽必烈以大蒙古帝国皇帝的身份写下国书一封，交予兵部侍郎黑的，并命他组建使节团，经高丽出使日本。

这下朝鲜人不乐意了——倒不是他们小气不肯借道儿，只是单纯地觉得这事儿对自己有百害而无一利。

朝鲜人的推理是这样的：忽必烈的国书肯定没憋什么好话，多半是要胁迫日本举双手投降；可日本人也不是善茬儿，绝非你让他低头他就哈腰的主儿；于是双方就谈不拢，谈不拢就要打起来。此时南宋尚且还在，蒙古人的势力还没打过长江，因此想要打日本，唯一的路径就是穿过朝鲜半岛，再过对马海峡到日本。如此一来，高丽的负担可就重了，肯定要被逼着干准备粮草啊造军船啊之类的活儿，那岂不是忒苦闷了。

应该讲，这个推理基本正确。

忽必烈确实是想让日本称臣,这封名为国书的亲笔信其实是一封充满了威胁口气的劝降信,而且其本人也确实放出过话来,表示无论南宋和日本,只要敢不服自己,就即刻出兵。

在确认了蒙古真有可能要打日本之后,高丽方面立刻表示,万万不可。

可毕竟是在人屋檐下的一介藩属之国,故而他们也不敢抬头明着反对,只好曲线救国,跟黑的说这日本乃是位于荒海之上的一个岛国,臣服不臣服都与大局无碍,更何况那海路难走,乘船不比坐马,乘着乘着一个不留神,兴许就沉了。

为了证明自己没有忽悠人,高丽的枢密院副使宋俊斐还特地领着黑的,找了一个风浪最大的海滩实地参观了一下。果不其然,那地方狂风连连,海浪一拍就是十余丈高。

黑的是蒙古人,一辈子大马金刀混草原的主儿,哪见过这等惊涛骇浪,当时就吓得不行,连连吐舌头说去不得,还真去不得啊。

下面一群朝鲜人马上附和道,对,真去不得。

于是被完全忽悠了的老实人黑的就这么回家了,然后禀告忽必烈,说这日本没啥好去的,还是算了吧。

忽必烈勃然大怒。

## ●蒙古人又来了

忽必烈跟黑的不同,是一个表里如一的英明之辈,朝鲜人耍的那些个小心眼在他跟前完全不管用。所以忽必烈当时就下了一道死命令,表示使者必须去,而且由高丽方面来完成这个送传国书,招降日本的任务。

同时,忽必烈还把朝鲜人最担心的事情也给挑明了,那就是强令高丽国王准备好船只一千艘，士兵一万人，用途是"或征南宋，或征日本"。

悲惨的高丽国王不敢反抗，咬着手帕默默流泪地派出了由起居舍人潘阜带队的使节团，来到了日本。

这伙人在文永五年（1268年）的正月，抵达了大宰府，但并没有继续向东，而是留在了当地，然后让大宰府官员将忽必烈的国书送往了镰仓。

国书的大致内容是这样的——奉天承运，大蒙古帝国皇帝敬告日本国王（上天眷命，大蒙古国皇帝奉书日本国王）：虽然你们日本是蕞尔小国，但考虑到好歹也算是我大蒙古的近邻，因此多少也该互相往来，修好关系吧？

更何况我大蒙古帝国自先祖成吉思汗起，威扬四海坐拥华夏，八面四方心服我者不计其数。

遥想当年朕刚刚即位时，东面有高丽不肯臣服，要参毛，结果不得已朕只能派出大军前去以德服人，经过多年战争，终于将他们感化，现在已是我大蒙古东邦一藩了。

而你日本，自立国以来，不但跟高丽走得很近，也和中华历朝关系很好，一直互通往来，可为什么朕当了皇帝之后，你们就从没来拜过码头？是不是不知道老子当了皇帝啊？也罢，不知者不罪，我这就正式地通知你们，希望你们日本能跟我们大蒙古搞好关系，多多来往。如果真要动起刀兵，恐怕是谁都不愿意看到的吧？

好了，不多说了，你自己看着办吧。

落款是至元三年八月，也就是公元1266年。

从写完到送达整整一年多，不得不说朝鲜人真能拖。

言归正传，先说一句，包括日本学者在内，有不少人都觉得，

049

这是一封普通的、寻求友好的书信，虽然口气强硬了一点，但却并非是要日本臣服于蒙古。

对此，我真的很想问他们到底是真傻还是装傻。

开头第一句就是蒙古皇帝奉书日本国王，这两人的等级差已然暴露无遗，还说是友好往来呢。

其实这就是一封杀机毕露的劝降信，里面还特地拿了高丽做例子，赤裸裸的威胁不言而喻：你要不投降，老子就揍你。

当时镰仓幕府管事儿的是第八代执权北条时宗，此人虽然时年只有17岁，但却年少有为很有魄力，以英勇果敢著称，人称迅猛小狮子。

小狮子在看完国书之后，当场拍板：送京都朝廷那儿吧。

理由是幕府只管政务军务，不管外交。

其实他是在尽可能地拖延时间，目的是备战。

北条时宗是个明白人，他知道但凡不想向蒙古人低头，那么唯一的办法就是在战场上战胜他们。

另一方面，京都的朝廷在收到镰仓送来的国书之后，研究了很久，然后向潘阜转达了自己的意思：这事儿忒大，请容我们再研究研究再讨论讨论，您要忙的话，可以先回去。

在民族国家危亡的跟前，大家还是都很有默契的。

这事儿一拖就是三年。直到文永八年（1271年），当第五批蒙古使者（算上没去成的黑的他们）第四次来到日本时，才总算拿到了京都朝廷写给忽必烈的回信。

这封信是由菅原道真的子孙菅原长成起草的，大意如下：我们从来都没听说过蒙古这个国家，也不知道为什么你们突然就要我们臣服你们，而且还用武力相胁迫，是不是吃撑了没事儿干啊？我们日本自天照大神以来就是神之国度，没有向外族人称臣的习惯，所以您该干吗干吗去吧。

正当蒙古使者准备拿着信回去复命的时候，突然镰仓幕府横插了一脚进来，表示既然你们家皇上说要增进往来，那干脆这回的信就让我们送吧，也好往来往来。

当时蒙古人也没看回信里写的是什么，只当北条时宗转了性了要服软，于是连连称善。就这样，在文永九年（1272年）正月，由12人组成的日本使节团经高丽来到了已经改名为元朝的蒙古帝国首都大都，即现在的北京。

这12个人其实不是来送信的，他们只是把文书交给了礼部的人代为传递，然后就开始四处乱转搜集起了各种情报。

而忽必烈在看了信后意料中地被气歪了鼻子，连日本人的面都没见就把他们给赶了回去。

同年5月，以赵良弼为首的第六批使者抵达了日本。在要求对方降服被拒绝后，他们打听了日本历代天皇名讳、百官爵位、州郡名号和风土人情等信息后返回了大都。

元朝要用兵了。

话说到这里，可能很多人都会觉得有点儿奇怪，蒙古向来只是纵横草原陆地，为何偏偏要跟岛国日本过不去？

这貌似如今已成了个谜团，我只说我的看法，个人觉得，是因为南宋。

忽必烈在中国大陆最终的战斗目标其实是消灭南宋，而日本作为南宋坚定盟友的存在，显然让他有些骨鲠在喉。更何况日宋之间的各种经贸文化往来也的确在客观上有助于南宋国力的增长，加大了他灭南宋的难度，所以铲掉日本，不管从实际上还是心理上，都能起到打击南宋的效果，于是自然就会让忽必烈不遗余力了。

而日本不愿意鸟蒙古，其实多多少少也是因为南宋，这个我们过会儿详细说。还有一点就是，这的确不是一个愿意臣服别人的民族，从当年圣德太子那么落后的时代起，他们就开始寻求和中国的平起平坐，现在好歹也算是经过几百年历练成了"亚洲小强"了，怎肯再轻易屈服于人？

于是，就只能开打了。

## ●元军来袭

文永十一年（1274年）十月五日下午四点，搭乘着元、高丽联军总共四万人马的九百艘战船，出现在了对马岛佐须浦小茂田（今长崎县下县郡严原町）的海面上。领军统帅是蒙古大将忻都，副将洪茶丘，高丽军的主帅则是金方庆。

傍晚六点，大约三百来元军率先登陆上岸，接着又是一千多人紧随其后，迎面而来的，是对马守护宗助国。

宗助国带的人不多，只有八十。其实他本来也不是来打仗的，就是想探个究竟，结果一看"黑云压城城欲摧"了，于是只能就地摆开阵势，进入了战斗状态。

因为人少而且也知道是逃不掉了，所以宗助国干脆主动发起攻击，带着八十寡兵朝着蒙古人的军阵就冲了过去。

跑最前头的，还没看清蒙古人脸长什么样，就被一阵飞射而来的箭给戳成了刺猬。

跑后面的，知道不能再往前了，于是便是站住阵脚弯弓搭箭，打算化主动为被动。

虽然此仗日本人打得极为顽强，对马守护宗助国亲自冲锋在前弯弓射马连杀数人，但毕竟寡不敌众。仅仅数小时，八十人就被打得基本全灭，宗助国本人也死在了乱军之中。

之后,对马岛全境沦陷。

按照惯例,蒙古大军在岛上烧杀劫掠欺男霸女地打了一回草谷①,接着,大军开拔,剑指壹岐。

壹岐就是壹岐岛,现在的长崎县壹岐市。

十四日,元军上岛,壹岐守护代平景隆带着一百余骑应战。

虽然较之宗助国草草集合的八十人,平景隆的一百骑兵在数量和质量上无疑都上了个台阶,但仍然是完全不敌。

不光是蒙古军人数更多,还因为武器不行。

当时蒙古的弓箭一射就是两百多米,而日本人的弓则最多射个百米之内,因此这是一场没有任何悬念的战斗——当天,平景隆就战死在了他生活和工作了多年的地方。

而另一件没有悬念的事情就是,蒙古大军照例展开了屠杀。

"百姓中男子或被杀,或被活捉,女人被聚集在一起,以绳索穿手结于船畔,无人幸免,壹岐亦是如此。"

从当事人的各种回忆来看,当时的对马和壹岐,几乎算得上是人间地狱了。

十九日,蒙古大军进博多湾,并于次日拂晓踏上了九州本岛。

由于距离双方第一次开打已经过了整整十来天,元军来袭的消息早就传遍了日本,再加上这么多年来全国上下一直都在备战备荒防元寇,所以镰仓方面轻车熟路地就聚拢了九州北部的兵力,并且任命了当时的大宰少贰资能的儿子少贰景资为大将,务必将来犯敌寇赶出国门。

其实少贰资能本人也有出阵,但幕府考虑到老爷子当年已经77岁高龄了,这才把主帅一职给了他儿子。

---

① 契丹兵以牧马之名,四处劫掠,俗称打草谷。

二十日早饭时分,在早良(福冈县福冈市内)一带,少贰景资率部和元军交上了火。

顷刻间,被虐得没了人形。

主要还是因为武器不行。

除了能射两百多米远的箭之外,这一回蒙古大军又翻了新花样,那就是在箭头上涂了毒药。这虽然是在中国章回小说里战场上杀人必用的招数,但对当时的日本人而言却是闻所未闻,更何况在那个年头,医疗本身就不发达,一旦受伤再中了毒那绝对是雪上加霜死得更快。

此外,元军还拿出了另一种新式武器——炸雷。

当然,这绝非是现代意义上的手榴弹,只是在瓷罐里装了火药然后点燃了到处丢。尽管论杀伤力的话未必比毒箭强,但却具备了十足的威慑力,不光能吓人,尤其能吓马,当时日本人骑的马一见这玩意儿,吓得不是原地不动就是原地趴下,要不干脆直接掉头就逃,把自家的队伍冲了个支离破碎。

除此之外,另一个导致日本人全然不敌的重要原因是军制与战术的落后。

如果要用一个词来形容镰仓时代的日本人打仗,那么最贴切的恐怕应该是"一盘散沙"。尽管看上去是几千几万人的大军,但他们却并非一个整体,而是被划分成了成千上百个小团体。每一个武士都隶属于他所在的庄园,打仗的时候往往只听自己所在庄园的领主之命,或几十人一群,甚至几人一伙,各自为政,自由行事。虽然名义上有主帅没错,但从实际的角度来看,他少贰景资要想做到所谓的"统御全军",终究是比较有难度的。

反观蒙古那边,那是思路非常清晰,再多的人马也宛如一人,击鼓进军鸣金收兵,有条有理方寸不乱。

说白了，当时日本和蒙古之间的差距就在于，蒙古人是来打仗的，日本人是来打架的。

然后在真打起来的时候，比起蒙古人的集团冲锋，日本人更注重的是单打独斗，也就是我们读《三国演义》等小说时最喜闻乐见的武将单挑。

而且，因为日本自古就流传着老虎爱皮武士惜名这句话，战场单挑被视为莫大的荣耀，所以开打之前必须互通姓名，有点类似于中国的"吾乃关羽关云长是也，来将何人？"这种调调，碰上讲究一点的，还要报出生地点工作单位以及领导姓名甚至是祖宗名号。在此我们仍旧用关二爷打比方，那就是"吾乃大汉皇叔荆蜀之主刘备刘玄德座下五虎上将之首河北解良关羽关云长是也！"

如果是周仓呢？那则是"吾乃大汉皇叔荆蜀之主刘备刘玄德座下五虎上将之首河北解良关羽关云长麾下扛刀大将周仓是也！"

总之按照这个路数，哪怕是个炊事班的也能在报名号的时候跟幕府将军扯上关系。

所以有时候真的蛮佩服日本人的，这话我心平气和的时候一口气念完都觉着喘，但他们愣是能一边打仗的时候一边给说顺溜了，着实不易。

可再不易那也没用，因为人蒙古军根本就不玩这个。人打了一辈子从来就只知道跟着命令冲锋射箭甩手雷，全然没有那捉对厮杀大战三百回合的习惯，更何况战阵之中喊杀声震天，你喊破了喉咙都未必有人听得见，就算听见了也不明白——别忘了蒙古人他不懂日本话。

因此在当时的战场上，往往会出现这样的场景——先是一个镰仓武士手握钢刀摆出个很帅的姿势，紧接着高声喊道："我是镰仓幕府御下筑前守护……"

话刚开了个头，迎面而来的蒙古人就一箭射去。

武士当场扑街，临死之前还不忘念叨一句："靠……你你你这人怎怎怎么不不不讲规规矩……"

事后（有可能是第二天），那蒙古人想起这茬儿来了，然后歪头问边上的同伴："你还记得昨天那日本人么？他刚跳出来的时候嘴里在说什么？"

同伴一脸问号。

武器不如人战术又落后，打仗的时候还喜欢神神叨叨地搞怪，这直接导致了防线几乎只撑了两个小时不到便被突破，日本武士们也被杀得"伏尸如麻"。于是主帅少贰景资只得指挥全军后撤，稀稀拉拉地退到了一个叫赤坂的地方重新布防。

赤坂地形复杂多为丘陵，选择此地可以有效地对抗蒙古骑兵，而且在不远处还有当年天智天皇兵败白村江后为了防止唐军攻来而造的城池，真到万不得已的时候，还能据城而守。

可实际上大家都明白，自己已然是没有退路了。

如果赤坂防线失守，那么头一个危险的就是大宰府。要是大宰府被拿下，那么整个北九州算是 game over（游戏结束）了，蒙古人也能引兵从本州岛西部或是跨过四国直击近畿，威胁京师。

所以，拼命吧。

## ●你家冬天才刮台风

大概在上午十点，元军先头部队约三四千人进入了赤坂防区，然后就听得一声梆子响，前方喊杀声一片，一支两百余人的骑兵部队冲了出来，领头的那个人边冲边喊道："我乃肥后菊池武房！"

连日来见惯了这种打斗场面的蒙古人纷纷露出了习以为常的蔑笑，还互相交头接耳说别急，等冲最前面的那厮到了跟前大声咋呼的时候，咱一块儿放箭，射他个刺猬。

可接下来，让他们一辈子都不曾见过的一幕上演了。

按照以往的惯例，那些冲过来的日本武将会在一个适中的距离跳下马来寻人单挑，可这一回不同，两百多人两百多匹马，在菊池武房那声自我介绍之后，就没了声音，直直地朝着元军军阵冲来。

一群人越冲越近，越冲越近，一直到双方都能看清对方脸上表情的时候，蒙古人才突然反应过来：不对！

于是纷纷弯弓搭箭，但为时晚矣。

此时，菊池武房才又发出了一声怒喝："杀！"

身后的两百余骑也一起响应："杀！"

"杀！"

"杀！"

刹那间，元军阵型被冲得大乱。蒙古大军因为自从开战以来就没碰到过这样的搏命战法，一时间纷纷后撤避其锋芒，菊池武房则抓住机会挥刀带人往里冲，而跟在后面的日军大部队也非常是时候地发起了总攻。虽然从整体来看仍是相当散乱，但由于人人都舍生忘死，一时间还真得把元军打得连连后退，一直打到下午，赤坂防线都未曾被突破。

而在另一个叫百道原（福冈县福冈市内）的地方，也发生了非常激烈的交战。日军总大将少贰景资率领的本部人马和元军副帅刘复亨部在那儿遭遇，顷刻间双方就打成了一团。

却说这位少贰总司令，虽不似菊池武房那么肯拼命，但也不是什么省油的灯。他的特长是眼神好，在几万人扎堆的战场上来回扫了那么几分钟,就一眼瞄到了一个美须飘在胸,胯下骑宝马的家伙,少贰景资认定,这必然是个大人物。

于是他拍动坐骑,向那人冲去,并瞅准了时机猛地放了一冷箭,当场正中目标,将其射下马来。本来还想有进一步动作的,怎奈何那人周围有亲兵数十人,动作奇快,一拥而上就把人给救走了。

后来才知道,那厮不是别人,正是元军副帅刘复亨。

仗一直打到傍晚,基本上算是个平手——虽说日本人在战场上干出了无数惊天地泣鬼神的英雄事迹,但终究现实差距摆在那儿,所以仍然是失守了全部的防线,被迫退入了天智天皇当年造的那座城中;而元朝那边也好不到哪儿去,说是说突破了所有的防线,但从早上跟人玩命地打到晚上,早就吃不消了,也不敢就地驻扎,而是退回了船上。

这一夜,少贰景资想必是睡不着的。因为就在当天收兵的时候,他收到了一个坏消息,那就是南九州的援军因故无法按时抵达战场,这意味着,他将继续带领这支已经快被打残了的部队死守九州北部,一直守到援军出现,或者是守到最后一兵一卒。

辗转反侧了良久,不知不觉天就亮了。

望着冉冉升起的太阳,日军的营地里几乎听不到一丝声音。大家默默地起床,默默地吃早饭,默默地拿起武器,默默地准备迎接即将到来的命运。

可该来的却没来。

那天上午,实在是按捺不住却又不敢主动出击的少贰景资派出侦察骑兵前去探查,却被告知了一个令人震惊的消息:元军撤退了!

据说景资在得到报告的时候先是不相信,问侦察兵你是不是看错了?

侦察兵摇了摇头,说我们也以为自己看错了,所以特地在沿海兜了好大的一个圈子,发现昨天还在岸边的蒙古船今天全没了,一艘都看不见了。

少贰景资想了想,问有没有可能退回壹岐或是对马,然后等待后援部队?

侦察兵不敢妄言,只表示要不干脆就坐个小船去那两个岛附近看看?

到了中午,消息也传回来了:壹岐和对马两岛附近没有蒙古人的踪迹。而且据当地人提供的证言称,昨天晚上他们看到有大船从岛边海域经过,方向朝北。

所以可以判定:蒙古军团全都撤了。

听完之后,少贰景资呆了半天,脸上没有任何表情。

突然,他放声大笑,把周围人都吓了一跳。

紧接着,他又放声大哭,号啕不已。

蒙古军团撤了!

可是为什么?

明明胜利就在眼前了,如无意外,只要再打上个四五天,那么大宰府就该被元军给攻下来了,可为什么他们就突然打道回府了?

这确实是一件百思不得其解的事情,少贰景资挠破脑袋之余,突然想了起来:二十日夜里,好像狂风暴雨大作来着啊,会不会是风太大雨太猛,把蒙古人的船给吹翻了呢?

对,一定是这样的。

神风,这风一定是神风!护佑我神之国度的神风!

由于实在找不出合理的解释,所以少贰景资最终把元军莫名撤走的缘由全都姑且归结在了那一夜风雨的身上。这个说法很快就被广大日本宗教界人士普遍接受了——这伙人在战争开打的时候什么都没干,光待在庙里头祈祷作法来着了。然后一听说元军貌似是被风吹死的,便立刻纷纷跳了出来,表示这神风是得亏了自己的法力才吹起来的,因此头功该归自己所有。

尽管幕府当然不会真的给这群和尚以及神官封赏,不过调子最终还是被定了下来:在这场人称文永之役的战争中,让蒙古铁骑撤退的最大原因,是那一晚上的神风。

这便是"神风"一词的由来。在六百多年后的二次世界大战中,为了挽回败局,日本政府特地组建了自杀性攻击部队,并命名为"神风特攻队",目的就是希望它能像当年的神来之风一样,奇迹般地将美国军队如数吹死。

当然,最后奇迹并没有出现,日本仍是吞下了发动侵略战争的苦果。

至于蒙古军团,尽管乍看之下他们的撤退确实有些离奇,但实际上也是事出有因,不过这因,却并非神风。

事实上神风压根儿就不存在。

刮风下雨的那天是十月二十日,这是旧历,要是换算成阳历的话,是 11 月 26 日。

你见过快 12 月了还刮台风的吗?

其实蒙古军团撤退的原因只有一个,那就是他们本身就没打持久战的心思。

从各方面来看,他们打这场仗的目的主要还是恫吓威慑,压根儿就没有想彻底消灭或是占领日本的意思。而且侵略军高层内部也弥漫着一股厌战的情绪,比如军团中的高丽军主帅金方庆就是个比较坚定的反战分子,虽然被迫上了战场打仗,但始终身在日本心在朝,见天地哀叹说自己马革裹尸不打紧,就是苦了那些家乡的高丽兵；而副元帅刘复亨自打中了那一箭后，就顿时战意全无，整天在那里问我们啥时候回家我想老婆了；还有那三军主帅忻都，也曾亲口表示，自己的子弟兵已经完全是"疲兵"状态，现在"策疲兵入敌境"，绝非上策，不如班师回朝。

于是，他们就撤了。

至于皇上若问起来为什么死那么多人战果那么小，大家便只说是风大刮船不熟水性外加敌军实在太多（元史记载遭遇日军十万人），所以这仗没法打。好在日本人那边也正在宣传神风，算是无意中合伙把这谎给编圆了。

但不管怎么讲，这场文永之役最终还是让日本达成了战略目的，至少元军撤退了。

可北条时宗很明白，这伙人必然会卷土重来，所以他一丝也没有放松，继续加紧备战。

而忽必烈那边也没闲着，又派了一拨使者去了日本。

他还是想让北条时宗臣服于自己。

# 北条时宗

第五章

● 不肯二十投也就算了，干吗要杀人？

建治元年（1275 年），第七批元朝使者来到了日本。

话说这次的使节团核心有五人，正使叫杜世忠，官居礼部侍郎。虽然他是个蒙古人，但却无限热爱汉文化，偶像是佩六国相印的苏秦，临出发之前还自信满满地跟元世祖表示，自己一定用三寸不烂之舌说得东邻拱手来降。

然后一行人坐船过海，在今天山口县这个位置登了陆，接着当地的日本官员很热情地接待了他们，问这五人渡海而来有何贵干？

杜世忠说我是奉了我们大皇帝的命令来日本送国书的。

国书？什么国书？该不会是让我们日本对你们蒙古称臣吧？日本官员问道。

杜世忠并未否认，但却跟了一句，大意是识时务者为俊杰之类，总之元朝跟日本的差距是人都看得明白，何必做无用的挣扎呢。

日本人听了也没多说话，只是表示兹事体大，容我禀报了镰仓的幕府之后再做计较。

大概过了两三个星期,镰仓那边来信了,说是请杜大人劳驾,走一趟关东。

杜世忠以为北条时宗要见他,便高高兴兴地领着手下随着日本人一块儿上了路。

当年九月,他们被带到了镰仓附近,但是没有见到任何幕府高官,而是被直接拉去了一个叫龙之口的地方。

龙之口就是如今神奈川县的江之岛,是个著名的旅游胜地,岛对面就是《灌篮高手》取景地之一的镰仓高校前车站。

而在镰仓时代,江之岛还是一个有名的行刑之地,闻名关东八省的龙口刑场就坐落在那里。

你猜的没错,北条时宗压根就没想见元朝使者,而且还下了杀令。他准备跟忽必烈抗争到底。

说起来这杜世忠也是条汉子,刀架在脖子上了却毫无惧色,不求饶也不喊爱国口号,只是先吟了一首辞世诗,然后对刀斧手说道:"转告你们的北条大人,我这次来,是有心想救日本。"

说完后,慨然赴死。

由于那个年头通信极为不发达再加上幕府灭口工作做得好,以至于杜世忠的死讯一连好几年都没传回大都,而忽必烈还以为那家伙出什么状况了,比如在海上沉船了之类,为了不耽误事儿,因此他又加派了一拨使者过去。

这次的使节团团长叫周福。

周福出海的时间是公元1279年,差不多就在他走的同时,发生了一件大事。

这一年五月,在中国南海岸爆发了宋元之间的最后一战:崖山之战。此战中,左丞相陆秀夫抱着年仅7岁的大宋末代皇帝赵昺跳海自尽。至此,日本人民的老朋友南宋帝国,虽多年抗战但

063

终究无法力敌，被元朝灭了。

有野史称北条时宗闻讯后悲怆不已，亲自全身缟素以表哀痛。

虽然这事儿很不可考，但此时日本人的心情想来也的确不会太好，毕竟大伙都知道，这南宋一走，接下来就该轮着自己了。

再说周福他们上岸的地方是博多，接待的日本官员轻车熟路地就猜到了他的来意，在确认之后，非但没有什么太大的反应，还客客气气地给他安排了住处，表示等镰仓来了消息就立刻带他去见将军。数日后，博多方面还特地安排了筵席，说是给元朝使节团接风。

宴会上，日本人一边吃一边表示，你们大元太客气了，派那么多人过来，上次那拨还没走呢，这一拨又来了。

对了，上回那个，是你们礼部的侍郎吧？

周福一听连连点头，对对对，您也知道杜世忠杜侍郎呀？他自从去了日本之后就没回来，大家还以为碰上海难了呢，这不，皇上就让我代替他接着来和你们幕府谈了。

说着，还把随身携带的文书交给了日本官员，上面果然是忽必烈写的信，要求北条时宗即刻称臣。

日本官员读完，很真诚地对周福表示，我奉了幕府的命令，这就带你们去见杜世忠大人。

不得不说这人相当守信用，话音刚落，一群五大三粗的武士就全副武装地冲了进来，不由分说就将周福等人捆了起来。

然后就地斩首。

这一回消息走得挺快，没几天就传回大都了，结果当然是天下震惊。

据说忽必烈当时就三尸神暴跳五灵豪气飞，怒目圆睁眼角都快裂了。

那年头敢这么招惹蒙古人的，说实话，没有。

闹大发了。

可原因呢？

其实杜世忠周福两拨人来，尽管确实是要日本俯首称臣，可也还没有到一锤子定音的程度，仍是可以讨价还价的——外交这种事情，实际上本质跟小菜场买卖没甚差别，你开三块钱一斤我觉得不满意还到两块五。你要觉得你日本跟我大元称臣亏得慌，那光纳个贡也行啊。

虽然这只是我个人的推测，但不可否认的是，如果当时不杀杜世忠跟周福他们，那至少还有商量的余地，毕竟上一回打仗蒙古人是无果而回，这多少算是个筹码，可现在人一杀，那就真的什么都没得说了。

而且还连杀两回，你这是摆明了欺负元朝没发明长途电话啊。

抱怨归抱怨，但还是有必要得多问一句为什么。

即便北条时宗未必知道当年花剌子模因为侮辱了蒙古使者而招来成吉思汗大军攻打屠城的历史，可至少也该明白强大的蒙古人轻易惹不得以及两国交战不斩来使的道理吧？

可结果哥们儿却是连杀人两拨使者眉头都不带皱一下，这到底是为什么？

关于这个问题，其实我也想了很久，最终认为原因应该有两个。首先，北条时宗压根就不承认元朝。

在他眼里，这个由蒙古人建立的帝国别说称霸了亚欧，就算南北两极都归了他们管那也是蛮夷之邦，想要日本臣服，啊呸。

在当时日本人的心目中，能代表正统中华的，只有大宋。

如果说中日关系在唐朝算是黄金期的话，那么在宋朝时就得叫钻石期了。

哪怕是只剩下半壁江南甚至是一个孤岛了，对于中华正统，日本仍是只认南宋。

更何况南宋新灭，此时各地都在搞着各种反元复宋的活动，谁知道赵家王朝会不会东山再起死灰复燃。

还有一个原因就是北条时宗根本就不怕蒙古人。

这里的不怕，不是那种勇斗歹徒小学生心里面想的不怕，而是在对各种情报分析之后作出的理性判断。

还是那句话，千万别低估了日本人对中国的了解。

其实虽然当时元朝看着很强，但实际上水分不少。比如南宋灭亡后，各地反元动乱此起彼伏，局势相当不稳；再比如高丽虽然早十几年前就称臣了，可不久之后他们国内就爆发了反元起义，称三别抄起义，这股反抗力量直到文永十年（1273年）才被完全镇压下去，而且民间也一直存在着各种反蒙情绪；再比如安南，也就是越南，虽然地方不大，可短小而精悍，同时处处效仿中华，非常不鸟蒙古。

总而言之，元朝的处境未必有传说中的那么强。而且蒙古大军虽然强悍，可毕竟他们的水战不咋地，渡海而来本来就已经输人一筹了，再加上经过上次那场文永之役，日本人已经对蒙古军的战略战术有了一定的了解。所以北条时宗自信，如果蒙古人敢再来，那就再在博多湾会他一会，争个高下。

中国人打仗，习惯三军未动粮草先行，而日本人打仗，粮草可以不动，但情报必须得先行。

不过这回运气不大好，碰上的是忽必烈。

## ●不服就打到你服

忽必烈是一个很有自信的人。他坚信即便国内局势还未能完全稳定，但腾出手来打个日本应该不算什么大问题，更何况这位东面的邻居接二连三地欺人太甚，不给点教训实在是太说不过去了。

所以在南宋灭亡后的第二个月，他就命令高丽造战船九百艘，接着又下旨，征调原先南宋土地上的船工船匠，在江南各地的造船厂里赶制军用船只。

弘安三年（1280年），元朝方面设立了日本行省，做好了正式将列岛纳入版图的准备。

弘安四年（1281年）春，忽必烈一声令下，十五万大军挥师东进，目标日本。

元军总共分两路。一路叫东路军，从朝鲜半岛出发，人数五万，战船九百艘，由高丽士兵、蒙古士兵以及北方汉人士兵组成，领兵大将是我们认识的：忻都、洪茶丘以及金方庆。

另一路叫江南军，自宁波出发，共十万人，战船三千五百艘，全都是南宋的降军，领兵大将阿拉罕、范文虎。其中，阿拉罕是全军主帅，南宋降将范文虎则是江南军的实际总指挥。

江南军除了打仗之外，还有一个艰巨的任务，那就是在战后继续驻军日本。一边充当占领军，一边还要屯田，所以他们除了身携打仗必需的武器之外，还带了锄头镰刀等生产工具，一看就是要准备扎根日本，轰轰烈烈地在那广阔天地大有作为一番。

其实忽必烈考虑得还是挺周到的：你日本不是跟南宋好吗？那就让南宋的士兵来管着你们吧。

当年五月，东路军熟门熟路地跨过了对马海峡，先登对马岛，再过壹岐屿。虽然结果跟上次没差,这两个岛都被顺利地拿了下来,但大军所碰到的抵抗,却较之七年前要强了许多,尤其在对马岛,打了整整快一个星期才打下来,而且还战死了好几名部将。

拿下壹岐之后,根据世祖爷忽必烈的作战计划,东路军应该是稍作停歇,等路途较远的江南军到了之后,合并一处共同攻打九州本岛。

但忻都觉得没必要——这地方他七年前就来过,不敢夸了如指掌的海口,但至少是熟门熟路。而且当年他带着蒙古子弟兵短短数日就打到了大宰府门口,现如今实在没必要把唾手可得的军功章分给那些南宋降兵一半。

所以,忻将军当场作出了将在外君命有所不受的决定:不等江南军,直接开赴博多湾,以最快的速度打进九州本岛。

这一天,忻都站在船前豪情万丈,一副我胡汉三又回来了的模样。

可当大军突入博多湾后,他傻眼了。

出现在自己跟前的,不再是七年前的那一片辽阔的海滩,而是一堵高高耸起的石墙。

这正是镰仓幕府准备了多年的破敌之策。

话说文永之役后,深知蒙古人必然会来第二次的北条时宗便作出了最高指示:在下一次决战中,一定不能让元军上岸,务必要在海上消灭敌军。

因为他知道,一旦天下无敌的蒙古铁骑踏上了陆地,那么兴许日本从此便再无重见天日的机会了,但若是在海上开打的话,鹿死谁手可就难说了。

而要想不让敌军上岸,那么最直接的办法就是在岸边围上一圈坚壁,等到打起来的时候再辅以各种远程武器,如此一来,敌船连靠近恐怕都很难做到了。

就这样,日本人在九州北海岸每一处可能成为对方登陆点的地方修建起了石墙。这些石墙最长处延绵20多公里,高3米,厚2米,就那个时代的生产水平而言,算是了不得的防御工事了。

果然,当元军五万大军上千艘战船浩浩荡荡开到博多湾时,面对那又长又厚的石墙,当真是狗咬刺猬无处下口。虽然也曾硬着头皮强攻了数次,但回回都被站在高墙之上的日本弓弩手给射得死伤一片,只得偃旗息鼓鸣金收兵。

考虑到长此下去也不是个办法,六月六日,主帅忻都决定,放弃自九州本岛登陆,全军调头,将目标改为志贺岛。

志贺岛位于博多湾北部,面积不足6平方公里。之所以要打这个小破岛,是因为每当海水退潮的时候,那里会露出一段陆地连接九州本岛,而此时又恰逢退潮期,故而忻都瞄准了机会,准备就此打开突破口。

可事情远没有他想象的那么顺利。这主要由于连接志贺岛跟九州本岛之间的那条路非常狭小,只能同时并排走三四个人,这显然不适合习惯大集团作战的蒙古人,相反倒是大大便宜了爱好单打独斗的镰仓武士。所以几场仗打下来元军死伤上千,就连副帅洪茶丘都被逼得弃马而逃,躲在船上再也不敢出战。

不仅如此,每到深更半夜,日本人还会敲锣打鼓摇旗呐喊举着火把来搞偷袭,也不在乎多大战果,每回就是放几把火,杀几个人便算完,但一晚上能来好几次,弄得元军根本没法睡觉。

不得已,忻都只好下令五万大军退回船上。为了防止日本人得寸进尺开船来夜袭,他还想出了个办法,就是用大船在外围围上一圈权当城墙,以保护圈内的诸小船,同时再安排人日夜巡逻,稍有风吹草动就死命放箭。

虽说这么一来倒是没人偷袭了，可当时已经进入盛夏，四五万人就这么挤在船舱里，空气不流通不说，而且水土又不服，因此很快就流行起了疫病，瞬间就夺走了三四千人的性命。

事情到了这一步，忻都也不得不认了栽，率军退回壹岐岛，准备静静地等到江南军到来之后再另行打算。

然而，意外又发生了。

## ●这次是真的刮台风了

按照原先的计划，东路军和江南军的会师最晚应该是六月十五日，可一直到六月二十日，这十万大军都不曾出现在壹岐的海域附近。

这下可急坏了忻都，不为别的，只因为他从朝鲜出发的时候，只带了三个月的军粮，现在已经快俩月了，他们要再不来，那自己就该断炊了。

其实这倒也不能怪江南军，迟迟不来的主要原因是他们那边死了人了。

话说先前被任命的那位江南军总大将阿拉罕，在临行之前突然就得了急病，扛了几天没扛住，撒手人寰了。这么一来大元上下又是办丧事又是找新主帅，凭空多出来一大堆事儿，好不容易等忙完了重新开拔了，已经是六月二十日左右了。

对于这样的情况，忻都虽是心焦，可却也别无他法，只能伸长着脖子嗷嗷待哺地耐心等候。

然而，正所谓祸不单行，就在东路大伙等着江南那边送军粮的时候，日本方面展开了对壹岐岛的反击。九州的各路诸侯土豪如萨摩的岛津家，肥前（佐贺县）的龙造寺一族等，都各自率着家臣郎党纷纷杀向壹岐,双方经过大半个月的苦战之后,付出了沉痛代价的大元东路军不得已撤出了壹岐。

　　幸而就在此时,十万江南军带着干粮赶到了,于是两军合并一处,驻兵于九州西北部的一个叫作鹰岛的小岛上。

　　胜利会师之后的元军原本准备休息两天之后便再度向九州发起进攻,以十五万大军之力一举攻破围海石墙,拿下大宰府,可万万没想到,就在他们还在休息的当儿,日本人主动找上门来了。

　　七月二十七日,日军舰队兵陈鹰岛海面,双方激战了一天一夜,元军虽勉强打退对方进攻,却也伤亡惨重,招讨使忽都哈思也战死在了乱军之中。

　　同时,又有一个不好的消息传了过来:一支人数超过六万的大军,已从京都近畿出发,正马不停蹄地朝着北九州赶来。

　　至此,无论是江南军的范文虎还是东路军的忻都都明白,这仗似乎是很难再打下去了。

　　要说还是范文虎识时务,当下就跟忻都提议,说是不是我们干脆就撤了?

　　忻都点点头表示同意:撤吧,再不撤等着老死在这汪洋大海之中吗?

　　不过由于刚刚经历了大战,所以两人还是决定,再休息几天,等大家的体力都恢复过来了,再行撤退。

　　历史的经验教训告诉我们,拖延症不尽早治疗,是要出人命的。

　　七月三十日,一场百年难遇的台风席卷了九州北部海面。狂风整整肆虐了5天,将鹰岛海域停泊的蒙古军船几乎卷了个干净,这便是至今仍为日本人所津津乐道的真正意义上的"神风"了。

　　神风的突然出现让元军蒙受了难以想象的惨重损失。除了人员伤亡外,更要命的是船都被吹沉了,东路军还好些,九百艘船

071

剩了差不多五分之一，而江南军三千五百艘船则基本全灭。好在当时大多数士兵都驻扎在鹰岛，所以也不像有的书上说的那样全员葬身海底。

不过这样的大难不死却并不意味着必有后福了。

鹰岛的面积大约有16平方公里，是个孤岛，十来万人马带着只够吃小半年的粮食困在那地方，想想也能知道不会有什么好下场。

所以识时务的范文虎在第一时间便想到了逃走。

就在台风过去后的第二天，也就是当年的闰七月五日，范文虎带着少数士兵抢先跳上了一艘侥幸未沉并且看上去还算牢固的军船，然后头也不回地就朝着西面驶去。

而忻都、金方庆等人一看居然还有这一手，于是也纷纷效仿。各高级将领争先恐后地爬上了尚且浮于海面上的军船，接着一路向西，直奔祖国。

此时鹰岛上剩下的已经基本上全是当兵的或是中下级军官，虽说这些人地位低下，可怎么讲也是爹生娘养的血肉之躯，终归是有求生欲的。在明白了自己当下的处境后，他们拿起手中的武器工具，来到山林中砍树伐木，准备造船回家。

但日本人却并不打算给他们这个机会。

闰七月七日，镰仓武士攻入了鹰岛的元军营地，虽然在一开始这些元军还进行了比较激烈的抵抗，但很快就彻底丧失了斗志，沦为了被屠杀的对象。

因为元朝的第二次侵日发生在日本的弘安四年（1281年），故而史称弘安之役，而这场鹰岛扫荡战，则是弘安之役的收尾。

到底有多少元军士兵在这次战斗乃至整场战争中丧生，至今已经不能得出确切的数字了。比较夸张的说法是十五万大军生还的只有三人，较为保守的，则认为至少有个一两万人回到了中国，但无论是夸张还是保守，至少有一个地方两者的观点是一致的，那便是元军惨败。

鹰岛扫荡战持续了大约一个星期，光是俘虏，就抓了两到三万人。

战后，日军将擒获的那两万多名俘虏带回了博多，接着，将其中的蒙古人、高丽人以及北方汉人全部杀死，只留下南宋遗民，将他们安置在了当地，以弥补因战争而损耗的劳动力。

插一句，现在很多历史读物都认为那些侥幸在日本活下来了的南宋人都被强行当作了奴隶，这种说法源于《元史》，但却并不正确。事实上这些南宋遗民中有很多以前都是熟练的工匠或是经验老到的农民甚至还有粗通文墨者，对于这些人，日本怎么舍得只把他们当奴隶来用？

实际的情况是，为了安顿他们，镰仓幕府还专门在博多开辟了一个唐人町，也就是类似于唐人街的地方，专门供给南宋俘虏居住，你觉得这是奴隶会有的待遇吗？

此外，幕府曾经还有过一个惊天设想，那就是趁着元军大败而回的当儿，派奇兵突袭高丽，以朝鲜半岛为桥头堡逆袭大元。

不过因为该计划过于耸人听闻以及实际操作起来难度太大，最终还是被放弃了。

而另一方面，在惊闻第二次征讨日本又遭惨败后的忽必烈再发雷霆之怒，当场就要准备起了第三次征日计划，要求江浙船坞即刻开工造船，并且在那里招募水手船夫。不过这很快就遭到了当地的激烈抵制，地方和中央的各级官员也纷纷上奏表示不可，因为连年的征战早已让原本富庶的南方苦不堪言，不仅治安恶化盗贼蜂起，甚至有南宋复国势力趁此还打算借机率众起事，所以时任礼部尚书刘宣在奏章中明确表示，希望圣上能在攻打日本的事情上多多考虑，吸取当年隋炀帝东征高句丽的教训。

隋朝二代而亡，很大原因是久攻高句丽不下同时耗费了大量的民脂民膏，这才使得天下大乱群雄四起。用这个典故来劝谏忽必烈，也足以说明事情已经到了一个相当严重的地步了。

纵然是元世祖，也不得不妥协了。然后自欺欺人地昭告天下表示日本不过是个蕞尔小国海外荒岛，不值得朕花费民力大举用兵，所以，就当是上天有好生之德，放过他们吧。

消息传到江南沿海，据说是"欢声雷动"。

大都的忽必烈知道后，也只能摇了摇头，一声叹息。

赢了，终于赢了。

## ●哪来的神风

这是日本立国一千多年来第一次在战场上战胜了中国，也是当时为数绝对不多能从蒙古大军铁蹄下保全自己安然续存的例子，称一声伟大兴许都不过分。

可是正是这场伟大的胜利，一千多年来却遭到无数人的嗤之以鼻，觉得日本之所以能战胜元军，除了因为那两场被称作"神风"的台风之外，再也没了别的原因。

真的是这样吗？

当然不是了。

虽然从客观上来讲，台风确实让侵略军损失惨重，尤其是弘安之役那场，直接把人给吹了个全灭，但是，日本人能够取得胜利，却绝非单靠刮风下雨。

胜利的原因，主要有内因和外因。

内因有二：一曰情报；二曰精神。

情报么就不用多说了，日本人多年来的强项。从当年忽必烈国书送到镰仓的那天起，他们就做好了跟蒙古开打的准备，整整七八年，不断地往来于蒙古和日本之间刺探着各种情报，之前说的出访大都的使节团那只是其中之一，更多的情报，则是从跟蒙古做贸易的日本商人以及朝鲜半岛的三别抄起义军那儿得来的——尤其是后者。

再说那文永之役的时候，虽然日本人是吃了大亏没错，可也正因为这场战役，让他们熟悉了蒙古人的战略战术，知晓了武器的情报，因此才能经过几年准备之后，在第二次的弘安之役实打实地战胜了元军。

反观元朝那边，对日本的事情几乎是一无所知，只把大海当草原以为能任由自己驰骋，所以尽管有忽必烈在大都坐镇，还设了个日本行省，可最终还是落了个大败而还地图开疆的结局。

而在全盘掌握了敌军情报的同时，日本人在战场上所迸发出的精神也是元军所不具备的。

哪怕是只有一个人，也敢拼了命地朝着几千甚至上万的敌人冲去。即便是战术不如人，武器不如人，即便是箭如雨下炸雷一个个地在脚边上开花，镰仓的武士也毫无惧色，踏着同伴的尸体挥着手中的钢刀朝着天下无敌的蒙古大军杀将过去。

因为对于他们而言，脚下所踏的土地，就是自己的全部。

这里有自己的主君，有自己的同伴，自己的家人，还有自己的生计。

当人在保护自己最重要的东西的时候，他会变得很强大。

说完了内因接着来说外因。

可能有人会说外因还用扯吗，不就神风吗？即便蒙古人是靠镰仓武士自己的奋战而被打退的,但要不是那场台风,也不至于全军覆没,兴许就会来第三次呢。

应该讲,这话只说对了一半。

不得不承认的是,但凡弘安之役元军还能剩下点人来,哪怕只留个四分之一五分之一,这伙人也必然会接着打第三次战争。别忘了,那可是不达目的誓不罢休的蒙古人啊。

可他们到底还是折戟沉沙了,究其原因,不仅仅因为"神风庇佑我皇国日本",更因为兄弟的出手相帮。

所谓兄弟,就是南宋遗民。

蒙古沉船的最大根源其实在于船造得不对。从现有的出土文物来看,我们可以发现当时所有的士兵坐的都是平底船,这种船在内河湖泊里走走还没什么大问题,一旦拿到海面上那根本就经不起风浪,稍有个风吹草动很容易直接翻车。说得不好听些,那帮家伙能坐着这种船跑到日本就已经实属不易了,再碰上那么大的风,不沉才新鲜。

那么,既然风险那么高,为什么蒙古大军还要选择平底船出海?

这是因为管事儿的蒙古人压根就不懂航海,而士兵们虽说有南方出身的,可小兵一个说出来话没人听,只能是船坞里造什么船出来他们就坐什么船去打仗。

众所周知,宋朝的造船技术在那年头是世界最强的,事实上元朝侵日所用船只,几乎清一色都是南宋遗民给设计出来的。这些人本来就对元朝就有一百个不满意,更别提逼着他们造军船了,况且这军船还是用来打日本的——南宋和日本的关系你也不是不知道,光看那么多士子宁可跑去日本当遗民也不肯留在元朝混口饭就能明白两国关系着实好得紧,所以那些人私底下一合计,直接就把船给造成了不适合在海上航行的平底。

不仅如此，江南军那三千五百艘战船也全都是在原先南宋领地给造的，造船的不用说，也是南宋遗民。这帮人特意在做工方面能省则省，把那本身沉没率就已经很高的船再雪上加霜地给弄成了豆腐渣——说穿了，那么多元军实际上是坐着棺材去打日本的（东路军的船只损毁要远远小于江南军）。

　　虽然我估计那些偷工减料乱改船型的汉人工匠八成自己都想不到自己的这一行动居然就拯救了整个日本，而且当时的日本人也绝对琢磨不到这茬儿，但从结果上来看，日本能逃过此劫确实多亏了兄弟之邦的南宋——这事儿的本质说到底其实就是哥哥（南宋）被灭了，蒙古要接着打弟弟（日本），江南遗民们一看这事儿，立刻搞了一堆破船出来应付，然后侵略军坐上船一路向东就再也没能回来……

　　蒙古来。吾不怖。吾怖关东令如山，直前斫贼不许顾。倒吾樯，登虏舰，擒虏将，吾军喊。可恨东风一驱附大涛，不使膻血尽膏日本刀！

# 第六章 后醍醐天皇

## ●武士道是什么？

元日战争结束了，在这场反侵略战争中，日本取得了很大的战果。但与此同时，整个国家也是元气大伤。

首先是死伤无数。这个是必然，但并不是关键——人类社会最大问题永远不会出在死人身上的，而是那些活下来的人。

在说明问题之前，我们先再提一个问题：镰仓幕府的本质是什么？

两样东西：武士和土地。

武士这点你肯定明白，毕竟是武士政权。

那么为什么还有土地呢？

废话，没有土地，哪来的武士？

武士最开始就是因土地私有化而诞生的用来守护私有庄园的武装力量，久而久之两者相结合，成为了武装地主阶级。

然后在源赖朝创立镰仓武士政权之后，随之应运而生的，其实还有一样东西，叫作武士道。

你肯定听过武士道这个词，但未必知道它究竟是什么。

何谓武士道？

一言以蔽之，就是武士的生存方式和三观。

时代不同，生存方式和三观也都是不同的，因此随着世道的变化，武士道也绝不是一种一成不变的东西。

镰仓时代的武士道总结起来只有五个字——御恩和奉公。

御恩，就是主君给你的封赏领地；奉公，就是你侍奉主君。两个词连在一起就成了一句话：食君之禄，忠君之事。

立了功，赢了战争，这些都是值得御恩一下的行为，但这一次跟往常不同，就是没有御恩了。

因为元日战争最终的结局是只是把蒙古人赶出日本而已，并没有去夺取对方的领地，既然没有夺取对方的领地，那也就不可能有新的领地多出来，自然也就没有东西可以封赏了。

可能有人会讲把战死的那些人的领地拿来分一分吧，聊胜于无。这个可以说是在做梦，一个人战死，他儿子未必也跟着战死，儿子死了还有养子，养子死了还有女儿，当然还有老婆——镰仓时代老婆子女都是有继承权的。

真是满门忠烈全家死光光的那种，倒不是说没有，但真的很少，少到可以忽略不计。所以御恩肯定是不存在了，那么底下那群人奉公也肯定奉得不开心了。

幕府也知道大家不开心，所以就想办法补偿，补偿的具体方法是发荣誉勋章，就是口头嘉奖你在抗击蒙古人的战争中作出的卓越贡献，钦此。

这个东西肯定是没用的，所以只能再做一点更缺德的事情，就是吃绝户了——把我们刚才说的，全日本都没几家的那种在跟蒙古人打仗时候全家死绝的人的领地，拿出来分一分。

分给谁？分给御家人——就是高级武士。因为他们人数少，多多少少都能得着点儿什么。

但这样一来就出事了。

一场仗打下来,你说是师长死得多还是连长死得多?那肯定是连长是吧。所以真正扛起两场和蒙古的战争中的伤亡率的,其实都是非御家人的中下级或者说跟幕府关系不怎么亲的武士,他们付出了那么多,结果毛都没有。那人家肯定就炸了。

而御家人这边呢,其实情况也很不好。从古至今,就没有吃绝户能发家致富的,他们分到的那点领地,也不是全都能自己拿进去的,得分给隶属于他们的那些下级武士——镰仓时代的政治模式中,幕府说白了就是最大的地主,他们同时掌管着另一批大地主,而这另一批大地主手下还有另一批不怎么大的地主,不怎么大的地主下面有一群小地主,小地主下面可能还有小小地主,以此类推。

地主就是武士。御家人属于大地主,他们听命于幕府,但也有自己的家臣——就是不怎么大的地主或者是小地主。而那些小地主,虽然明面上也认幕府叫老大,但这只是一个名义,他们真正认的主公,是自己的直属上司,也就是大地主御家人。

现在大地主从超级大地主手里拿了赏赐,得分给为自己在战争中拼过命的小地主,以此来维护这一层主从关系,但关键是,不够分啊。你没东西给人,人就不会给你干活,这是千古不变的真理。

所以御家人当时想到的就是,去借点钱,搞个小贷什么的。

镰仓时代日本已经有金融大鳄了,京都大阪一带已经有了很成熟的高利贷服务,但借高利贷是要抵押的,商人们看中御家人的,自然是土地。

高利贷这种东西,从来都是容易借,但不容易还,所以,很多以土地为抵押的御家人，后来真的土地就没了。再后来，大家都学聪明了，直接卖土地给商人，换一笔钱，再拿着这个钱，分给下面的人。

这种行为就直接导致了很多大地主，变成了不怎么大的地主，甚至是小地主。而很多不怎么大的地主，通过商人，把那些御家人卖掉的地再给买过来，成了大地主。

然后还有很多不愿意卖地的御家人，则采取拼命压榨手下老百姓的方法来弄钱，比如把税从1281年直接征到1981年之类。这种行为当然就引起了老百姓的不满。所谓民变在即，则劫掠于商。

1297年，幕府眼看着卖土地跟征税的现象越来越严重，于是颁布了一部非常缺德的政令，叫《德政令》。

这个名字其实挺讽刺的。

《德政令》简单来讲，就是首先禁止御家人再搞小贷了，不许再借钱也不许再卖地，这一点应该也没什么问题。

关键是其次——所有买了御家人土地的商人，必须把买进去的地给吐出来，归还给那些御家人，而御家人可以不用还钱。

可想而知，这下真的要天下大乱了。

## ●皇上，您怎么又造反了

文保二年（1318年），花园天皇宣布退位，将龙椅让给了尊治亲王，称后醍醐天皇。

当时日本的皇室，已经变得跟从前不太一样了。在1272年后嵯峨天皇驾崩之后，皇家系统分为了大觉寺统跟持明院统。大觉寺统的老祖是嵯峨天皇的儿子龟山天皇，持明院统的老祖则是嵯峨天皇的另一个儿子深草天皇。

说白了就是兄弟两家,因为都做过天皇,所以都觉得自己的儿子才应该是下一任天皇,但显然天皇只有一个,于是两家达成了一个默契,就是你的儿子当一任,然后传给我的儿子再当一任,以此长久类推。

后醍醐天皇是大觉寺统。

这个人不是一个普通人,他是一个怀着梦想登基的天皇,那个梦想叫作推翻幕府。

当时镰仓幕府,或者说执权北条家,其实已经完全把持了京都的朝廷,肆意妄为地干涉着包括天皇更迭在内的各种皇家事务——从国家政令到婚娶丧嫁,就没幕府不过问的。

这让历代天皇都非常不满,但这群人都比较尿,敢怒而不敢言,毕竟人家手里有刀,但后醍醐天皇不一样,他属于敢想又敢做的那种人。

正中元年(1324年)九月,后醍醐天皇将平时跟自己玩得很好的两名侧近公卿日野俊基跟日野资朝给叫了过来。

三人齐聚密室,连寒暄都跳过了,天皇开门见山:现在是时候了。

此时的日本,实际统治仍归镰仓幕府管,而掌握着镰仓幕府的,依旧是执权北条家。

只不过当时的执权北条高时,是一位非常"了不起"的人物。

他最大的了不起之处,是通过八年的统治,把整个日本搞到民不聊生,把镰仓幕府的德行给败得一干二净,已经到了臭名远扬、几乎人人喊打的地步。

比如,北条高时喜欢狗,尤其是斗犬,喜欢到手下御家人给自己缴年贡的时候,可以用狗来代替粮食。

同时他的狗神圣不可侵犯,走在大街上无论武士还是老百姓,看见了都得弯腰行礼。同时，如果发生了狗咬人的事件，咬了也算活该。

除此之外，类似于踹寡妇门刨绝户坟这样的事情，北条高时也没少干，总之，七七八八，当时全日本至少一大半的人都觉得幕府要完蛋了。

民怨已经接近沸腾这是一方面，另一方面，恰好当月负责监视京都朝廷动向的六波罗探题①北条维贞回镰仓交接工作，于是后醍醐天皇觉得这是天赐良机，至少自己有空子可钻了。

所以，此时不动，更待何时。

行动计划是这样的：首先，先让日野俊基跟日野资朝两人去串联一下，找一些对幕府心怀不满的豪强武士，许以事成之后的高官厚禄，让他们加入自己。

但我们都知道的一件事情就是，镰仓时代的那些地方豪强基本都是幕府分封出来的领主，双方之间即便不是直接从属但也有着千丝万缕的利益联系，纵然是眼下北条家倒行逆施人人喊打，但你真要去找那些地方大佬来一起推翻幕府，响应者未必会有那么多。

果然，两位日野大人跑了一圈，愿意响应的也没几个，里面有实力的，就只有美浓国守护土岐赖贞为首的美浓土岐家。

这点实力，不是说不能推翻镰仓幕府，就是得花很长的时间，差不多三五十年后吧。

后醍醐天皇并没有自信能活那么久，但现实就是那些豪强武士大多都拿着镰仓幕府的御恩，肯定得努力奉公来贯彻他们的武士道，几乎没有背叛的立场。

---

① 六波罗探题是镰仓幕府在京都的六波罗所设的行政机关首领。

083

那么，有没有不需要幕府御恩的武士呢？

倒也是有的。

所谓千年田八百主，这世道的武士能拥有土地，自然也能失去土地，那么那些失去了土地的武士，该如何存活？

倒也简单，要么想办法投靠一个新主公，拿到另外的封地，要么换个职业做点别的，要么就破罐子破摔，直接拉帮结伙啸聚山林——以强取豪夺财物为业，或者鸠占鹊巢占别人的土地谋生。

对于最后那种人，日本史上有一个专门定义他们的名词：恶党。

如果用我们比较熟悉的中国教科书的语言来讲，恶党本质上就是破产地主。

破产地主，也就是失业武士转业做土匪，便是恶党，如果依然恪守法律当个好人呢？那个叫浪人。

恶党对于幕府，自然谈不上什么好感，甚至还带着刻骨铭心的仇恨。毕竟他们之所以会失去手上的土地，或多或少都跟镰仓那边带着点瓜葛。

因此后醍醐天皇觉得，既然正经武士没几个肯来，那就找恶党来帮忙吧，反正两者之间不就差了几张地契嘛，事成之后给足封赏名分不就成了。

应该讲，这是一个非常正确的思路，当时就有好几拨恶党在收到消息后表示，愿意帮助天皇陛下干掉镰仓幕府。

其中最有名的，叫楠木正成。

## ●男人嘛，不要什么话都对老婆说

正当后醍醐天皇的倒幕大业计划得如火如荼的时候，一个意外发生了。

话说美浓土岐家族里,有一个叫土岐赖员的家伙,论辈分的话,土岐赖贞算是他的堂叔。

既然是亲戚,自然也就成了倒幕计划中的一员。土岐赖员一般住在京都,因为老婆孩子都是京都人的缘故。

夫妻俩感情还不错,通常晚上睡不着的时候都会搞搞卧谈会啥的,增进相互了解。

一天晚上,两人又照常在那里夫妻夜话了,但这一天土岐赖员的情绪显然比平日要高涨许多,跟喝多了一样各种亢奋。

而他老婆作为一名大和民族的女性,温柔不温柔的我不知道,但在聆听老公瞎叨叨这方面,肯定是合格的。

所以土岐夫人就静静地听着老公在那里吹,但听着听着就觉得不对了。

土岐赖员说的是:你看那幕府嚣张不嚣张?你看那六波罗狗腿不狗腿?过段日子我们就在天皇的带领下,弄死这帮王八蛋。

一边说一边还给配音:"咔嚓"一声,六波罗探题的脑袋就掉了,"骨碌骨碌"滚一地。

老婆一开始也觉得有点乐呵,但很快就发现不对劲了:因为她的父亲——亲生父亲,也就是土岐赖员他老丈人,叫斋藤利行,正是在六波罗里当差,任奉行一职。

于是土岐夫人赶紧劝睡了老公,然后趁着大半夜,也不顾还是鬼龇牙的当儿,光着脚丫跑回娘家举报了。

斋藤利行也不含糊,连夜赶往女婿家,一把把土岐赖员从被窝里给薅了出来:从今儿起,你不是我女婿了!你是我孙子!我是你爸爸!

土岐赖员一脸蒙:您这是昨天晚饭喝的酒里兑了尿发癔症了吧?身为六波罗执法人员知法犯法,半夜扰民不说还开这种伦理

085

的玩笑，跟谁俩呢？

土岐夫人赶紧来救场：我爹被你又咔嚓又骨碌骨碌的给气傻了，现在我们父女俩是来救你的，你赶紧自首去吧。

于是土岐赖员也回想了起来，自己的老丈杆子是六波罗奉行。

他也是个痛快人，直接说主谋不是我，是我堂叔，美浓守护土岐赖贞。

斋藤利行赶忙摸出一本小本本，把土岐赖贞四个字写了上去，然后指着女婿：接着说，还有谁？

土岐赖员说一个，斋藤利行记一个，记到天亮，老头子带着女婿踏着日出的红光赶去了六波罗，把这事儿给告发了。

幕府方面接报后，反应异常迅速，于当年九月十九日，由北条范贞领三千人兵分两路，先是按照名单挨个抓人——虽然土岐赖贞在儿子土岐赖兼的掩护下逃出了包围网，但赖兼本人却死在了乱斗之中。

日野俊基跟日野资朝被当场活捉，押送镰仓审问。

说是审问，其实是诱供。执权北条家实际上是想把这事儿给牵扯到天皇身上——虽然确实是天皇一手谋划的，但并没有证据，毕竟前前后后搞串联的全都是那两位姓日野的哥们儿。

与此同时，日野哥俩也非常义气地大包大揽了一番，跟镰仓方面说，一切都是自己谋划的，我们就想推翻你们，就想搞死你们。

软的怕硬的硬的怕不要命的，况且镰仓幕府虽然确实连弄死哥俩的心都有了，但又实在舍不得。因为大家都心知肚明，你日野俊基日野资朝是个什么东西，美浓一国的守护土岐赖贞能听你的调遣？背后肯定有大鱼啊。

真要弄死你们，那大鱼是哪条便死无对证了。

就在这进退两难的纠结当儿，后醍醐天皇派特使来了，就说了两句话：第一，这件事儿我确实不知道，但我作为治天之君肯定是有责任的，万方有罪罪在朕躬嘛，要不我给你们赔个不是？第二，日野俊基跟日野资朝是我身边难得的贴心人，你们看我面子，别太为难他们。

比起一百多年前的后鸟羽天皇，这位后醍醐堪称是端的一条好汉了。

面对天皇的主动坦白，镰仓幕府也蒙了：天子金口玉言说跟自己无关，那谁还敢去质疑？

就算质疑出了一些因果，怎么，你还能处分天皇不成？现在早不是北条义时的时代了好吗？

故而，这事儿纵是有天大的怨气也只能是吞肚子里了。

最终，吃了个哑巴亏的镰仓幕府只是将日野资朝流放去了佐渡，日野俊基则被安全送回京都，至于其他的，只当没发生。

因为发生在正中元年，史称正中之变。

而在坊间，则还有一个叫法——天皇御反事件。

御反，就是造反。

至于此时的后醍醐天皇，则已经在谋划着下一次的行动了。

## ●皇上怎么又是你在造反？！

元弘元年（1331年）三月，已经辞去执权一职并出家但依旧掌握着国家大权的北条高时收到情报，说后醍醐天皇带着日野俊基为首的一干小弟，天天在宫中做法，祈求上苍天降正义，灭了镰仓幕府。

同时天皇依旧在暗中串联各路人马，在军事上准备下一次倒幕行动。

北条高时表示不能忍以及强烈的悔恨——后悔当初放过了后醍醐。早知道这样,正中之变的时候就该流放他去隐岐岛。

后悔完,他当场拍板,令家臣二阶堂贞藤率兵三千进发京都,并要求六波罗全力配合,双方一起把天皇给拿下,并且废黜后流放。

虽然有家臣竭力反对,那毕竟是天皇,但北条高时根本听不进去,毕竟是北条家的子孙——还记得后鸟羽天皇吗?

另一方面,后醍醐天皇也很快就收到了大军进犯的情报,然后没有任何犹豫,带着象征皇权的三神器直接跑路。

走之前,为了避免半道被截,天皇还给自己弄了个女装,打扮成妙龄姑娘的样子,逃进了奈良的山区。

而为了掩护天皇战略性撤退,近臣花山院师贤则坐进了天皇的御驾,跟皇子护良亲王一起进了日本佛教圣地比叡山,然后假戏真做,用天皇的名义召集了当地僧兵数万,准备跟幕府大军血战到底。

僧兵就是武装保卫佛寺的和尚,战斗力极强——如果你觉得佛寺没什么东西需要那么多人来保卫,那可就错了。历来日本的宗教单位都是坐拥大片土地的有钱地方,所以一介住持,可能就是一方诸侯,那一个个拿着长刀的僧兵,丝毫不会输给武士。

与此同时,后醍醐天皇一到奈良,也发布了要求天下英豪共同推翻镰仓幕府的号召,然后响应者倒是不少,比如之前提过的那位恶党楠木正成,便在河内(今大阪府)的赤坂城起兵倒幕了。

然而,所谓人生不如意事十之八九。在镰仓幕府的强攻之下,比叡山跟后醍醐天皇在奈良的据点先后被破,就连楠木正成的赤坂城,据说也沦陷了,他本人亦自杀身亡。

于是天皇本人也只能再度跑路,但这一回或许是忘记假扮成女人了或者是扮了被认出来了,总之,半道儿上被幕府军给抓住了。

北条高时当然也不敢杀他，只能送回京都先安置（关押）在六波罗，然后派人送了一套袈裟过来，请天皇收下。

言下之意就是劝他，要不您出家得了？

但天皇并不领情，直接把袈裟退还镰仓，并且初心不改，身陷囹圄了还依然在琢磨着怎么东山再起，那北条高时肯定就不能忍了。终于，在元弘二年（1332年），镰仓幕府将后醍醐天皇流放去了隐岐岛。

其实此时后醍醐天皇已经被幕府废黜，取而代之的是持明院统的量仁亲王，即位后称光严天皇。

不过，尽管是继后鸟羽上皇那次以来的第二次朝廷输给了幕府，但这一次毕竟是现役天皇亲自登高一呼御驾亲征，前后两次事件不可同日而语。所以虽然战场上输了一筹，但实际上全国人民都知道了一件事：推翻幕府，是有大义名分的。

同时，到了隐岐岛之后的后醍醐天皇依旧没闲着，仍是每天打探着幕府的各种情报，内心依旧有着自己的算盘。

有一天，他收到了一个情报：楠木正成没死，并且也正打算着东山再起呢。

# 第七章 楠木正成

## ●军神

  如果你有去过东京的皇居,那么应该会对立在门口的那尊骑马武士的铜像留有印象。

  没错,那尊像,便是日本的一代军神楠木正成。

  楠木正成,详细出身至今已然不可考,据他自己自称,是当年四大姓氏之一的橘氏后裔。

  不过更多人认同的说法是,楠木正成其实是恶党出身,从他的父亲那一代开始,便是那种身边聚集了一群拿着刀讨生活的精壮汉子但自己却没有正经领地的恶党。

  元亨二年(1322年),楠木正成受雇于时任幕府执权北条得宗,奉命讨伐了摄津国(兵库县东南部)的另一拨姓渡边的恶党。

  其实恶党未必就一定要站在政府的对立面。很多时候,成了气候的恶党,就类似于隶属于政府但没有编制的武装力量,比如雇佣兵,比如临时工。

  在攻打渡边家的时候,楠木军路过了纪州(和歌山县)的安田庄,然后顺手就攻打了这个地方,杀死了此处的领主汤浅氏,并扣押了汤浅家的另一处领地：阿濑庄川。

在讨伐渡边家的战斗中，楠木正成展现出了非常惊人的军事天赋和作战素养，取胜之后，镰仓幕府方面对他的战绩感到非常满意，以至于不但不追究他"顺手牵人领地"的罪过，反而还把阿濑川庄封赏给了他。

之后，楠木正成又在六波罗的指挥下，攻打了不服北条家管教并屡屡击退幕府大军的越智家，同样也取得了巨大的胜利。

但这里有个问题。

越智家之所以会引来幕府的征讨，是因为他们不肯给执权北条高时进贡狗饲料——出于这个原因，镰仓方面两次派兵教他们做人，然后先后两次被打了回去，不得已，才起用楠木正成这个压根不算正规军的恶党。

打完越智家，楠木正成一瞬间名声鹊起，虽然并不是什么好名声——北条家的斗犬。

所以问题又来了：一个前半生都是幕府忠实看门狗存在的楠木正成，怎么会响应后醍醐天皇的号召，对幕府横刀相向？

很简单。老话说，三军未动，粮草先行。

老话也说，重赏之下，必有勇夫。

老话又说，钱是英雄胆。

元弘三年（1333年）二月，在一个叫文观的和尚的牵线搭桥下，意图推翻幕府的后醍醐天皇跟楠木正成接上了头。

双方并未见面，仅仅只靠包括美浓土岐家在内的几个中间人传过几句话，但天皇当时就作出了书面承诺：把和泉（大阪府）的若松庄作为领地，封赏给楠木正成。

这时候的正成已经被幕府冷落了很久——虽然很能打，但终究是个恶党。同时在各种奉命征讨其他恶党的过程中，楠木正成也确实在发展着自己的力量，比如把俘虏的那些有能力的恶党直接收归帐下，这一切的一切都让镰仓方面感到了些许不安：万一以后这小子背叛我们该怎么办？

老话还说，士为知己者死。

楠木正成大为感动，当场宣誓效忠皇家。

当年三月，天皇起兵失败，被软禁在京都，作为他在京外的头号支援力量，楠木正成自然也不会被北条执权家轻轻放过。

北条家起兵好几万，浩浩荡荡杀到了楠木正成的老巢赤坂城。

当时城里只有几百人，所以北条家很自信：多少年没打过这种富裕仗了，一百比一的兵力，是条狗都能把你这破城拿下来。

然后没拿下来——楠木正成亲自带队守城，把城里一切能丢能射十米以上的武器都搬了上来，并且井然有序地朝着一拥而上的幕府军扔了过去，造成了对方千余人的伤亡。

北条家知道，这背后肯定是有高人了。

于是大家也不再强攻，而是后退几百米安营扎寨。反正兵力一百比一，打不过你还围不死你么？

结果楠木正成也没闲着，本着"敌驻我扰"的战略思想，当晚就来偷袭了。由于北条家也确实没想到对方还有这胆子，也没准备，于是被好一顿打，又折了数百人。

这次夜袭，搞得北条家开始怀疑人生了：他们是不是真的只有几百人啊？

终于，数万人连日来第一次开始认真了。大家正经备战，制定攻城策略，方方面面都考虑了个周全，准备第二天一早发动总攻。

结果聊得正起劲，有探子来报，说赤坂城方向，燃起了熊熊烈火。

## ●鼓破万人捶的第一个武士政权

当幕府军迎着火光杀入赤坂城后,发现城内已经空无一人,只留下一个大坑,里面横七竖八堆着很多尸体,从穿着上依稀可以辨认出,他们都是楠木军那边人的打扮。

大家断定,这一定是楠木正成自知天命不可违,在大军压境之前自我了断了罪恶的一生。

抱着这样的判断,大军胜利凯旋,班师镰仓。

很快,楠木正成自焚而亡的消息,全日本都知道了。

虽然正成压根儿就活得好好的——赤坂城的火确实是他放的,因为他知道眼下敌强我弱,这座破城早晚也守不住,没必要计较一城一池的得失,只需要消灭敌军的有生力量即可。

顺便一提,这套楠木正成后来用了无数遍,用到炉火纯青的战法,其实也是运动游击战的精髓。

既然这样,那就主动让出赤坂城,造成自己已死的假象,同时躲进深山,伺机而动。

至于坑里的那堆尸体,都是之前已死的镰仓士兵被扒光后换上了楠木家的军服罢了。

果然,骗过了北条家。

再说元弘二年(1332年),后醍醐天皇被流放隐岐。之前我们讲过,虽说是被流放了,但全国人民都知道了北条家的罪行。

于是楠木正成东山再起,拢了五百人准备夺回赤坂城。

当时赤坂城的守将,叫汤浅定佛。说来也巧,是当年被楠木家顺道抢了家业的汤浅一族成员。

对此,楠木正成信心满满:当年怎么打你爹的,现在就怎么打你。

汤浅定佛尽管压根儿就不知道楠木正成还活着,但听说周边还是有不少楠木一党的余孽,因此每天蹲在赤坂城里以防万一,连三餐所需军粮都由边上的民众送进城来。

于是楠木正成安排了三百个士兵,打扮成送军粮的老百姓,半道儿上劫了汤浅家的粮车,装模作样地混进了赤坂城。

然后里应外合,不过短短两个时辰,赤坂城再度姓回了楠木,汤浅定佛被杀。

接着,楠木正成又率兵继续攻城略地,先后数次打败六波罗的讨伐军,将势力范围扩大到了整个大阪东部一带。

消息传到关东镰仓,幕府也不含糊,点起数十万大军分成三路,浩浩荡荡杀向了楠木家的三个据点:赤坂城、吉野城和千早城。

赤坂跟吉野很快便被攻下,但千早城因为是楠木正成亲自带兵把守,所以怎么都啃不下来。

镰仓大军虽然想尽了一切办法,比如断水、搭云梯等等,但被正成见招拆招地一一化解,不仅如此,打到最后,楠木正成干脆主动出击,派出别动队劫了镰仓大军的军粮又断了他们的粮道,弄得幕府方面相当被动。

就在这十万大军面对小小的千早城中千余名守军束手无策之际,突然传来了一个大新闻:元弘三年(1333年)一月,播磨(兵库县)的赤松则村起兵倒幕了。

紧接着,又传来了一个坏消息:后醍醐天皇逃出了隐岐岛。

现在,北条家蒙了:这此起彼伏的乱象,我们应该先处理哪个?

经过简短的会议后,他们决定先搞定赤松则村。

理由也很简单:首先天皇跑了,跑去哪儿我们也不知道,所以一下也没法抓;楠木正成是很能打没错,但终究也就千把人,只能躲在他的千早城;唯独赤松则村不一样,他们赤松家是盘踞在播磨一国的土皇帝，传到则村已是第四代，这个人要是不抢先搞定，怕是后患无穷。

幕府决定，由六波罗出兵，讨伐赤松则村。

二月十一日，六波罗两万大军向播磨发起进攻，但在半道上遭遇伏击，丧师数千后败退。

二月下旬，赤松家开始反攻，一路经尼崎（兵库县内）杀到酒部，然后在濑川（大阪府内），跟六波罗军隔河相望。

三月十日，赤松则村率三千士兵向河对岸发起总攻。经过一天一夜的奋战，六波罗一万大军兵败后撤，而赤松军也趁势攻进了京都边上的山崎，此时，他们距离京城已经不到五公里了。

就在赤松家跟六波罗打得热火朝天的当儿，后醍醐天皇也终于在今天的鸟取县安营扎寨了。在身边侧近的牵线介绍下，他找到了当地一位叫作名和长年的武士寻求庇护，并要求长年本人，奉诏讨幕。

名和长年祖上也是恶党出身，但他们家不怎么抢别人东西，而是做"正经"走私生意的。久而久之，名和家积累了巨大的财富，然后通过买卖的方式，给自己弄了一片领地。

虽然生意做得挺大，但整体上他们名和家在镰仓幕府眼里算不得正经人，所以长年也就是这么一个土地主。现在土地主门前天子驾临，还要求他帮助自己，名和长年当时就激动得膝盖一软，扑通一声跪倒在地，叩头就拜，口中还念念有词，说列祖列宗保佑，我今天终于得见天颜了。

而后醍醐天皇也不是三岁小孩子，他知道名和家跟楠木家一样，虽然不受待见，却也是给幕府出过力的，而且比起楠木正成，名和长年跟北条家的关系显然要好很多，多次受到各种赏赐，所以不得不防。

琢磨到这儿，天皇就开口了："名和卿，我知道你家几代人都受过幕府恩惠，眼下朕请你出手相帮倒幕事宜，确实也有些不近人情。这样吧，要是你不想帮忙，现在就能把朕押送去镰仓，这样一来，名和家也定能光耀门楣了，如何？"

刚刚还感激涕零的名和长年，一听这话瞬间就变脸了，他一脸惊恐地表示：是谁在皇上您身边诋毁我？我什么时候受幕府恩惠了？我跟北条高时那孙子不共戴天好不好？

就这样，名和长年招募了当地的一批精壮武士，组成倒幕军队，准备跟随天皇杀回京都。

另一边，三月二十八日，赤松则村向京都发起进攻，但在六波罗守军的拼死抵抗下没能成功。

四月三日，赤松家再攻京都，尽管结果仍和之前一样，但镰仓幕府大为震撼，知道如果不能搞定这人，那幕府怕是要凉了。

但就眼下的情况，六波罗确实很难搞定赤松则村，而镰仓那边已经再无余力出援军了。

无奈之下，北条高时只能派人找到足利高氏，请他出兵援助六波罗，解京都之围。

足利高氏，源家后裔，他们足利家代代都是北条家的姻亲，然后高氏本人名字中的那个"高"字，正是北条高时的赐名。

虽然位高权重，但足利家跟北条家其实并不对付，明面上算是亲家，背地里怎么想的谁也不知道。

我见过有人把北条家比作三国时代的曹家，足利氏则妥妥的是司马家。

应该讲，还算挺贴切。

更关键的是，此时的足利高氏正在服丧期间，他爹没了。

高氏的父亲叫足利贞氏，是足利高氏随军一起攻打楠木正成千早城那会儿病故的,消息传到军中,足利高氏也不问战局,直接率手下儿郎撤退回去开追悼会了,谁劝都没用。

所以这一回,北条高时自己都没把握能不能劝动这位大佬出兵相帮。

可除了他,整个日本再也没人有能力挡住赤松则村,以及虎视眈眈的楠木正成了。

果然,足利高氏拒绝了镰仓幕府的请求,表示自己要给亲爹守孝,等守孝完了,一定出兵。

就幕府眼下的状况,北条家显然没有自信撑到守孝期满,只能好说歹说各种威逼利诱,足利高氏这才骂骂咧咧地带着手下人马从镰仓出发。

走到三河(爱知县东部)时,足利高氏跟当地豪族,同时也算是自家亲戚的吉良贞义聊天,说我们这么走,会不会等走到了京都已经晚了,六波罗都被赤松家给赶出去了?

吉良贞义的面孔上则布满了疑惑:大人,您没病吧?

足利高氏一脸问号:?

吉良贞义道:"您看看现在天下的大势,我们就算今天马上调转枪头对准幕府,我都已经嫌失了先机,动手动晚了,您居然还想着要帮他们抗衡天子?"

足利高氏若有所悟地点了点头。

四月十六日,足利大军抵达京都,同时到达的还有后醍醐天皇的密旨。在密旨中,天皇要求足利高氏认清当下形势,不要在关键的时候站错队,应该弃暗投明,并给予北条家倒戈一击。

二十九日,足利高氏宣布倒幕。

同日,陆奥(宫城县)的结城宗弘,信浓(长野县)的小笠原贞宗,九州的岛津家、阿苏家等各地武士都发出通告,宣布自己永远站在天子这一边,将帮助后醍醐天皇一起,讨伐万恶的镰仓幕府北条家。

五月二日,足利高氏出兵,和京城外的赤松则村里应外合击败了六波罗大军,占领了京都。

同月,上野国(群马县)武士新田义贞,因为无法缴纳幕府额外征收的用于讨伐楠木正成的税金,从而杀害了前来收钱的税吏并起兵突袭镰仓,经过四天的激战,数万新田军杀到了北条高时的跟前。

此时北条家已经再无可战之兵,全族一百多人只能躲在屋子里,然后放火自焚。

就此,镰仓幕府终于灭亡在了日本人民讨伐战争的汪洋大海之中。真的是鼓破万人捶的那种灭亡。镰仓时代也就此结束。

## ●两京双帝南北朝

幕府灭亡之后,后醍醐天皇在名和长年以及楠木正成等人的护送下,重回京都,登上宝座,改元号为建武,并开始了一系列的政治改革,史称建武新政。

所谓建武新政,其实就是再一次将天皇置于至高无上的,并且拥有实际政治权力的位置,对日本进行统治。

在新政中,尽管后醍醐天皇确实重用了以楠木正成为首的当年跟着他一起度过最艰苦岁月的那批人,但除此之外,他也非常刻意地将地方武士排除在了权力核心之外。

比如足利高氏,立下赫赫战功,虽然也被封了高官,还被天皇赐了名讳,改名叫足利尊氏,但实际上并没有进入权力中枢,至于其他的,也都基本没有得到该有的赏赐。

这就引发了整个武士阶级的不满了。

建武二年（1335年）七月，北条高时的遗腹子北条时行在关东举兵造反，以风卷残云之势占了几乎大半个关东。

就在后醍醐天皇琢磨着让谁去讨伐的时候，足利尊氏主动请缨，说臣愿往。

天皇很高兴，说那就有劳爱卿了。

但足利爱卿并不急着领旨，仍是跪在那里不动弹。

天皇不知何意，或者说知道了但不说破。

结果足利尊氏自己没忍住，把真心话给说了出来："陛下，是否应给臣下一个大义名分？"

天皇说，你想要什么名分呢？

"请陛下封在下为征夷大将军。"

后醍醐天皇完全没有考虑，便拒绝了。

他敏锐地察觉到了对面这个人的野心，所以在拒绝的同时也表示，讨伐北条时行的事情你也缓一缓吧，让朕再考虑考虑，究竟怎么搞定这场叛乱。

而足利尊氏在退出大殿后，头也不回地回到自己家，如同领到天皇旨意一般，召集手下，征集粮草，然后出兵东进，朝着镰仓开拔。

这是一种非常赤裸裸的挑衅皇权的行为，比不经请示擅自出兵更可恨。毕竟不经请示擅自出兵说破了大天，也只是你足利尊氏自作主张，现如今在天皇明确让你先别动手的情况下，你依旧带着部队去打北条时行，说真的，这种行为放在哪儿都是按谋反来算的。

后醍醐天皇当然也知道他足利尊氏这是在犯罪，可他并没有任何办法来约束这个人——镰仓时代历经一百多年，对于地方豪强，中央皇权早不像从前那么好用了。

天皇能做的，只有加封足利尊氏为征东将军，并昭告天下他是奉了圣旨前去讨逆的。虽说本意是想通过这一手来多少挽回些许颜面，但这等于是"此地无银三百两"，全天下都知道，后醍醐天皇根本控制不了足利尊氏。

再说足利大军一路东进，势如破竹地打进镰仓。八月十九日，北条时行出逃，叛乱就此结束。

得胜之后，足利尊氏并没有按常理那般班师回朝，而是就地留在镰仓，开始以此为据点治理关东地区。

后醍醐天皇那边虽然发了数道圣旨要求他回京都接收封赏，但尊氏只当不知，看了一眼圣旨之后便拿去垫了桌角。

不过他倒也没有完全不鸟朝廷。九月初，足利尊氏上了一道奏折，实名举报在推翻镰仓幕府中的另一位功臣新田义贞，说他企图谋反，请求天皇将其诛杀。

这其实是因为新田家的领地大多也在关东，然后新田义贞本人跟足利尊氏关系也不好，一直觉得自己才应该是建武新政的头号功臣，凑巧尊氏垂涎新田家领地很久了，反正在镰仓闲着也是闲着，不如上个折子，不求后醍醐天皇瞎了眼真杀了新田义贞，但好歹也算是投石问路嘛。

果然，后醍醐天皇非但没瞎，还很是心明眼亮。拿到足利尊氏的奏折，当下就给了新田义贞，还问他读后感是啥？

新田义贞能有什么读后感？当天回到家中，他也写了一封奏折，奏明足利尊氏多年来种种野心迹象，历陈他才是一个反贼，要诛，也得诛他。

两人隔空干架的结果就是，当月，后醍醐天皇下旨：罢免足利尊氏一切官职，并宣布其为朝敌，要求天下共讨之。

足利尊氏当然不是那种在家坐以待毙的类型，在收到朝敌通知后，他第一时间作出决定：起兵逆袭。

自推翻镰仓幕府以来，尊氏各种拉人心攒人品，再加上各地武士本身就已经对朝廷的赏赐不公抱有很大的不满，现在起兵可以说是众望所归。

十二月，奉命前来征讨的新田义贞和足利尊氏在箱根大战了一场，前者被击败后退回京都，而后者则步步向前，逼近了京师。

在此期间，足利尊氏跟已经被退位的光严上皇接上了头。一方允诺，事成之后让持明院统重回皇座，另一方则保证，事成之后，朕昭告天下，宣布你这是正义之举。

建武三年(1336年)正月，足利尊氏攻入京都，后醍醐天皇出逃，躲进了比叡山。

眼看着大势已定，足利家从此入主京都，即将操控全日本大权，大觉寺统这一脉就此 Game Over（游戏结束），但终究还是发生了变数。

这个变数叫北畠显家。

北畠显家，后醍醐一朝的著名重臣北畠亲房之子。

我们顺道说一下北畠亲房。这个人最有名的事迹，是写了一本书，叫《神皇正统记》。此书主要内容是说日本乃神之国度，应由神的代理人天皇统领一切，同时也强调了皇家这种神性的独一性，认为放眼全天下都找不出第二个人能替代天皇了。

日本明治维新后搞的皇国史观，源头就在此书。

再说北畠显家，12岁时便出任参议一职。建武新政后，年仅15岁的他又担任了陆奥将军，早在建武二年（1335年），他便已率五万大军南下，准备挥师入京勤王。

他的军旗上写着四个字：风林火山。取自《孙子兵法》所载：

疾如风，徐如林，侵略如火，不动如山。

这个创意后来被战国时代著名军事家武田信玄给弄去了，再加上后来黑泽明的那部《影武士》，以至于现在的人一提到风林火山，只知道武田信玄。

建武三年（1336年）一月二日，北畠显家攻破镰仓。

一月六日，北畠军抵达远江（静冈县内）。

十二日，抵达尾张。

虽然是紧赶慢赶没赶上，但当时北畠五万大军的行军速度已经达到了每天差不多40公里，这在14世纪是非常罕见的。纵观整个日本古代史，能够与之相提并论的强行军，也只有两百多年后丰臣秀吉的那场著名的中国大回返了。

十三日，北畠显家和新田义贞以及楠木正成合兵一处，准备反攻京都。

从用兵上来讲，时年18岁的北畠显家实际上跟足利尊氏是不相上下的，但足利军这边显然没有楠木正成这种军神级别的人物存在，再加上朝廷军队人数也占了很大优势，所以仗打了一个星期都不到，足利军便败退出了京都。

北畠显家跟新田义贞都很开心，商量着什么时候请后醍醐天皇圣驾回銮。

但楠木正成却不同意，他表示，我们现在应该撤出京城。

此言一出，另外两个人都觉得正成喝多了在说胡话，但新田义贞毕竟跟楠木正成共事了挺久，知道这人平时挺正经的也不疯，于是多问了一句：楠木公何出此言？

楠木正成看了一眼对方，说这次我们虽然打退足利尊氏，但并没有给他造成多大的损失，他要想卷土重来分分钟跟玩儿似的。在足利尊氏没有完全被打垮之前，京城这个无险可守的城市对于我们而言，就是个包袱，所以我们要做的，是把这个包袱丢给足利尊氏去背。"

这话讲得很有道理，新田义贞当时就默认了。

但北畠显家却开了口："楠木大人，京城可是皇家颜面所在，岂是说让就能让出去的？"

"北畠少爷，您自幼含着金勺子长大，怕是不知道在胜利和生存面前，颜面一文不值这个道理。"

楠木正成之所以被称之为军神，并不是没有道理的。

最终，三人达成一致观点，于当天晚上撤出了京都，并放出谣言，说是朝廷的官军因为在京城中遭到足利家余孽的偷袭，三位大将悉数被杀，不得已撤回了比叡山。

足利尊氏信了——或许他曾经怀疑过那三位大将是否真的被杀了，但同样出身高贵的他，坚信武士的颜面大于一切，若不是真的发生了什么，官军是断不会撤出京城的。

就这样，足利尊氏又杀回了京都。

然后第二天晚上，京都火光四起，伴随着烈焰的，是杀将而来的楠木正成、新田义贞红北畠显家，以及他们的数万大军。

完全没有防备的足利尊氏，被结结实实地打出了京都，丧师三万余。

这回，他直接一路向西，跑去了九州。

二月十二日，后醍醐天皇回到了京都，大家欢天喜地地召开了庆功宴，然后各种封官加赏。

然而，足利尊氏虽然兵败跑路去了九州，但本质上可说是元气未伤。

更何况，全天下的武士阶级此时已然对朝廷抱有极大的怨念，所以很快，足利家在九州又拉起了一支队伍，号称百万之巨，浩浩荡荡地朝着京都杀将过来。

后醍醐天皇难免有些慌了,命令新田义贞率兵前去播磨布阵抵御,但很快,因迫于敌方的大军压境,自知不敌的新田义贞也不得不于当年四月率兵退回了京都。

整个平安京弥漫着恐怖和惊慌,人人都觉得,自己快完了。

除了楠木正成。

楠木正成依然非常淡定,表示说什么百万,其实也就是十来万人,陛下您不要那么怕。

天皇说十万我也怕啊,你自己数数,我们现在手上才多少人?

楠木正成笑了:"陛下,用兵不在多寡,而在于谋略。"

"那爱卿可有谋略?"

"和三个月前一样,舍弃京都,把这个包袱丢给足利尊氏,等各地勤王部队到了,再反攻京师,擒杀逆贼。"

平心而论,这是一个很好的,也是当时唯一可行的方法。

所以后醍醐天皇想了没半分钟,便同意了。

见完天皇,楠木正成便回到家中准备军略事宜,同时静候圣旨,只要旨意一到,便立马出征。

朝廷的效率也很高,第二天,敕使便带着旨意来到了楠木家。

"着楠木卿在京师布防,正面抵御来犯逆贼,保卫皇銮所在。"

楠木正成惊了。

跟昨天说的完全不一样啊。

他匆匆入宫,见到了后醍醐天皇,而天皇当然也知道正成为什么来,所以抢先一步开口解释道:"昨天你走之后,我跟忠清又商量了一下,觉得还是守住京城比较好一些。"

天皇口中的忠清,指的是参议坊门忠清,此人是当时朝中权力最大的公卿,人称坊门宰相。

楠木正成盯着坊门忠清："参议大人，您这是要做何打算？"

坊门忠清表示，一仗未打就撤出京都，实在是有损皇家颜面，也会长敌人的威风。

楠木正成呵呵笑道："现如今京城内有多少人马能经得起正面抵御带来的损伤？颜面这种东西，跟胜利比起来，算得了什么？"

"楠木公，有时候宁可失败，也要保存自己的颜面，陛下可丢不起那个人。"

"一旦战败，受损的可就不光是颜面了，还有你我在内的一家老小。"

"你还未打，又怎能知道胜负？"

"笑话，要是不能提前预判胜负，还有必要去打仗吗？"

"楠木大人，在下提醒您一句，这可是陛下的旨意。"

楠木正成语塞，将目光又投向了后醍醐天皇，而对方此时也正看着他。

两人对视了好一会儿，终于，天皇下定了决心："楠木卿，拒敌于国门之外吧。"

楠木正成再无二话，跪在地上倒头便拜，然后默默地站起，离开了皇宫。

四月十六日，楠木正成率兵出发，前去支援已在播磨奋战的新田义贞。

在路过一个叫樱井的地方时，他叫过了自己年仅11岁的儿子楠木正行。

"你回去吧。"正成说道，"此战必败，你没必要跟着一起送死。"

楠木正行只是摇头："我要跟着父亲一同赴死。"

"活下来，你要活下来。"

"那父亲为何不一起活下来？"

"士为知己者死。明知前途死路，但我还是会尽忠圣上。"楠木正成叹了口气，摸了摸正行的头，"回去吧，楠木家就交给你了。"

二十四日，楠木正成抵达战场，地点位于今天神户的凑川，总人数为七百左右。

二十五日，足利尊氏发起了攻击。

虽然新田义贞的手下尚有一万余人，但楠木正成还是得面对由吉良家、上杉家、石堂家等率领的六千多人。

在这场一比十的角逐中，楠木正成带着七百寡兵扛了整整六个小时，其中主动出击十六次，但最终因为人数实在太少而全队崩盘。当楠木正成和弟弟正季不得不撤出战场时，身边只剩73人。

兄弟两人且战且退地躲进了一处民宅，但很快便包抄上来的足利军团团围住。

两人知道，最终时刻来临了。

哥俩非常平静地拿出短刀，准备切腹自尽，在动手之前，楠木正季突然问道："兄长，今时今日，你可曾有过后悔？"

楠木正成笑了，他摇了摇头："我愿意生生世世，七生报国。"

楠木正成之死，也标志着在这场史称凑川战役的战斗中，朝廷一方的失败。新田义贞很快也抵挡不住，率部脱离了战场。

四月二十七日，后醍醐再度带着三神器逃进比叡山。之后，足利尊氏立持明院统的丰仁亲王为天皇，称光明天皇。

十月，山区里天气日益渐凉，所以后醍醐天皇接受了足利尊氏的劝说，从比叡山里走了出来，把三神器交给了光明天皇，从此，后者才算是名正言顺了。公元1336年，足利尊氏在京都组建幕府，自任征夷大将军，也就是室町幕府。

当年十二月，后醍醐天皇再一次从京都皇宫里逃走，跑到了奈良的吉野山，重新组建了一个小朝廷，并声称之前交给光明天皇的三神器都是假的，是赝品。从此，日本进入了一个被称之为一天两京南北朝的时代，简称南北朝。京都在北，所以持明院统的光明天皇就是北朝；奈良在南，于是大觉寺统的后醍醐天皇就是南朝。

整个南北朝持续了将近60年。在此期间，南北双方数次交战，但最终都是以平手而告终。一直到1392年，在时任室町幕府第三代将军足利义满的斡旋之下，以将所有国衙的直属领地都交给大觉寺统来打理为条件，南朝的后龟山天皇才同意结束南北纷争，亲自北上，将三神器交到了北朝的后小松天皇的手里。

至此，日本算是统一了，国家步入了室町时代。

# 足利义满

## 第八章

## ● 安国寺的小和尚

秋荒长信美人吟,径路无媒上苑阴。
荣辱悲欢目前事,君恩浅处草方深。

日本古代的皇家,大抵和中国是差不多的。天皇即是皇上,作为九五之尊,除去文武百官,自然还得备着三宫六院三千佳丽。毕竟,是天子。

在后小松天皇的宫里,有一位妃子叫伊予局,因为长得漂亮而且温柔贤淑,所以深得天皇的宠幸,彼此两厢厮守,如胶似漆。

然而幸福的日了总不会太长久,在这深宫之中,伊予局的受宠理所当然地受到了来自各方面的嫉妒,不知何时就有一个相当可怕的谣言开始流传了起来:伊予局是南朝出身的女儿,她心怀复兴南朝之志,并想伺机刺杀天皇。

这个谣言倒也并非全虚,至少伊予局的出身,确实是不怎么好的。

从史料上看,她是作为藤原北家所出的日野一族中日野中纳言的女儿嫁入的宫中，当属不折不扣的根正苗红。但这只是表象。

伊予局真正的出身，在昭和三十六年（1961年）时经多方考证，被认定为是楠木正仪的三女，之后先入日野家当了养女，再进入宫廷当了妃子。

楠木正仪，乃日本一代军神楠木正成之子。

这样一个人的外孙女，嫁到了天皇的身边，居然还深得宠爱，可怎生了得。

尽管一开始沉浸在爱河中的后小松天皇并不以为然，可后来慢慢地就发现事情有点不对了，似乎走哪儿哪儿都在说伊予局想杀天皇。正所谓谎话说上几千遍就成了真理，所以时间一长，天皇从心理上就开始招架不住了，觉得自己人生无限宽广大有可为，若是真如传言说的那般毁在了一个女人手里，岂非可惜。于是在明德四年（1393年）某一天，他以"有南志"为借口，下了一道圣旨将已经怀有数月身孕的伊予局赶出了皇宫。

有南志就是有恢复南朝的志向，说通俗点就是想翻天。

面对诬陷，伊予局没有任何辩解，而是非常顺从地收拾好了东西，然后去了京都乡下的一个小村落住了下来。在那里，她于明德五年（1394年）生下了腹中的孩子，取名为千菊丸。

他，便是在后世名声如日中天，被世间誉为一代狂僧的一休和尚。

我们中国人知道这家伙基本都应该归功于当年那部动画片：《聪明的一休》。

千菊丸出生后，尽管没有父爱，但在生母伊予局和乳娘玉江的照料下，小千菊丸成长得非常健康活泼可爱，人也很聪明，5岁不到便能做和歌，虽说做了什么内容至今已然不可考证，但这一行为往往被人拿来和有文神之称的日本第一大儒菅原道真相提并论，因为道真大神的第一次作歌，也正是在五六岁的光景。

除了两个女人之外，还有很多不认识的叔叔也经常给千菊丸小朋友送钱送粮食什么的，每次送完东西，还要跟伊予局单独聊上几句。

这些叔叔，都是从同一个地方而来，那地方叫足利幕府。

对于一个有翻天嫌疑的女人和拥有南朝血统的皇子，幕府自然不可能不闻不问就此让他们安居郊外，所以每个月送钱送东西是假，探听虚实是真。

不过长此以往似乎也不是办法，所以在应永六年（1399年），时任将军足利义满下了一道命令，让千菊丸出家做和尚去，具体的皈依地点，是位于京都的安国寺。

说到安国寺，很多人的第一印象往往是如同荒郊野外万年没人来拜菩萨的破山神庙一般，这主要系当年那部风靡80后的动画片所赐。事实上安国寺的规格相当之高，室町时代日本禅寺都有相应的等级，最高级别的是南禅寺——这是日本史上第一座由天皇发愿等而创建的祈愿寺。

南禅寺下，就是被称为"五山"的相国寺、天龙寺、建仁寺、东福寺、万寿寺。五山下面的就是被称为"十刹"的十间寺院，而安国寺就在"十刹"之列。

十刹之下，还有诸山（230寺）、林下（很多）这两个等级。

所以说，一休绝非是什么孤苦伶仃的穷酸小和尚，而是从小接受精英教育的皇二代，从来便是这社会的上流阶层。

## ●砸了碗不要怕，只说是禅就行了

入寺受戒之后，长老像外大师，就是动画里那个笑容诡异的老和尚，给千菊丸取了法名，叫周建，并嘱咐他在这里要严格遵守寺规，不得造次。

不过，即便是在如此规格之高的寺院里修行，但小和尚们的生活，却是非常辛苦的。孩子们每天凌晨四点不到就要起床，早饭之前要去正殿诵经一个多小时，念完了才能吃东西，吃完之后，又得花一上午的时间打扫走廊、庭院，擦洗那些供奉在庙里的墓碑——其中包括了后醍醐天皇的那块。

午饭是没有的。到了下午，还要学习各种经文，然后太阳快下山了才有晚饭吃。

一天只有两顿饭，而且吃的也很差，一般而言就是一碗粗粮加几根咸菜而已。

所以孩子们总是会私下抱怨说吃不饱或者吃得太差，被师傅听到了就会引来一顿责骂，毕竟是来修行的，又不是来享福的，吃太好干吗呢？

虽说过的是苦行僧的日子，但孩子毕竟是孩子，总是会变着法地穷开心。一日，像外大师下山办事，小和尚们一看没了管束，就在庙里飞奔嬉戏，这里摸摸那里翻翻，这对于他们来讲，或许是最大的快乐了。

于是乐极生悲的事情就此发生了。一个小和尚从像外的房间里翻出了一个制作精良的茶碗，正在仔细端详的时候，或许是因为这天饭没吃饱，手一软，东西砸在了地上，碎了。

虽说知道闯了大祸，但小和尚倒也不怎么怕。长老虽说平时喜欢念叨他们，但心底里还是特别喜欢这帮孩子们的，不就是一个茶碗嘛，摔了就摔了，道个歉不就没事儿了？

晚上，像外大师知道了这事儿，果不其然他并没有斥责那个闯祸的孩子，但细心的周建发现，大师的神色似乎有些不太对，

111

不仅面色发青，而且还头冒冷汗，甚至连手都在不住地颤抖着。

"师父，您这是怎么了？"周建很关心地问道。

"这这……这个茶碗，是将军大人放在这儿的……本来说好下个月就要给他的……现在……现在……"像外大师手里拿着一块碎瓷片，用颤抖的声音说道。

一起在抖的，还有瓷片。

老师父口中的将军大人，指的是室町幕府第三代将军足利义满。

足利义满，就是那部著名动画片《聪明的一休》里的那位小胡子将军。

这是一个在日本史上都比较罕见的狠角色，现在像外老师父把人寄存在自己这里的心爱茶碗给弄碎了，那想必不太会有啥好下场。

不过周建倒是不慌不忙，想了想后问道："听说将军大人现在已经出家了？"

事实上根据真实的历史，足利义满早在千菊丸上山当小和尚之前就已经把将军的位子让给了自己的儿子，也就是第四代将军足利义持，自己选择了皈依佛门，并且还自取法号叫鹿苑院天山道义。

所以，动画片里的足利义满的形象其实应该是个光头。

但毕竟德高望重势力如日中天，所以一提到将军，说的总还是他，倒是足利义持，没啥存在感。

"嗯，将军大人确实已然出家。"像外大师点了点头，"可那又如何？"

周建一笑："那就没事了。师父，您下个月归还茶碗的时候，带上我一起去吧。"

"怎可能没事？"像外大师觉得这孩子简直天真得可怕——莫非以为将军和自己同为光头，就会对这破碎的茶碗睁眼闭眼？

可看他说得如此胸有成竹，却也只好死马当活马医，答应带周建同去。

时间过得很快，一个月后一晃就在眼前了。像外带着时年9岁的弟子周建，以及那几块碎碗片，来到了足利义满修行的金阁寺。

金阁寺，顾名思义，就是外面贴满了纯金金箔的寺庙，义满在里头整日跟一帮和尚讨论佛法研究禅学，很是不亦乐乎。

几百年后有个人，在金阁寺相去不远的地方弄了个黄金打造的茶室，打算在里头喝喝茶论论道，搞搞和敬清寂。结果被一代茶道宗师千利休吐槽是沐猴而冠。

那人名叫丰臣秀吉。

足利义满时代并无千利休这样不怕死的角色，即便像外大师，在那金光闪闪的金阁之中，也只能随大流地寒暄称赞此处甚好，简直如同佛门圣地。

虽然这夸赞显得很无底气——主要是因为揣着那破茶碗，实在不知如何是好。

足利义满并未察觉到气氛有些违和，看了看像外大师手里捧着个匣子，问道，这是啥？

"将军……将军大人，贫僧……是来归还那个茶碗的。"老和尚见被问到，底气越发不足了起来。

足利义满仍是没有察觉："怎样，这个茶碗做得不错吧？"

"做……做工……做工精湛，堪……堪称绝品。"像外大师觉得自己快要编不下去了，赶忙硬着头皮把原先装茶碗现在装着陶瓷片儿的木匣子递给身旁的周建，由他传交给将军。

周建倒是很淡定，拿了个匣子就上前一步，施礼道："将军大人。"

"嗯？"

"贫僧有一问：有生命的东西，终将会怎样？"

"哦？你这小和尚，是想问禅？"足利义满一下子来了兴趣。

所谓问禅，就是两个佛门之人就天地万物互相提问回答，是禅宗修行的内容之一。

"问禅之时，叫贫僧天山道义即可。"足利义满好歹也算和尚，立即正襟危坐，回答道，"有生命的东西，终将死亡。"

"那么有形状的东西呢？"

几乎是话音刚落，周建的第二问就来了。

"有形状的东西，终将碎灭。"足利义满下意识地对答道。

这话音还没落，义满的心里就咯噔了一下，本能地涌起了一丝不祥的预感。

接着，他看到周建坦然地将身边的木匣子挪到跟前，再眼睁睁地看着小和尚从匣子里掏出一片又一片的陶片儿，放到了自己面前。

"这就是有形状的茶碗。"

足利义满死死地盯着这堆陶片儿，又死死地盯着周建，胸中仿佛有一万匹羊驼奔过。

而周建亦毫不畏惧地与之对视，一副自若淡定的神情。

良久，义满笑了，很大方地笑了。

其实他已经认了出来，眼前的这个小和尚，正是那位怀有南志而被赶出宫的伊予局之子。

这是有史记载的真实事件，也是一休跟那位二百五将军的人生第一怼——之后的其他几怼，我们放在下一章详细说。

不过对于我们这一代来讲，两位之间的互怼，不光是白纸黑字的史料，更是满满的童年回忆。

话说到这里，我们可以顺便通过当年的那部动画入手，来聊一聊这些个历史人物了。

### ●不要叫我将军，要叫我爸爸

动画片《聪明的一休》的故事里，有三位比较传神的二百五。一个是笑得阴险猥琐却经常被一休在智商上凌辱的小胡子将军，还有一个则是本该充当皇室私生子一休的监视人却被对方智慧所折服不幸沦为其跟班的新右卫门，在日语原版中，他的那句"一休大人，大事不好啦！"的招牌叫声，一度让人印象深刻，甚至被誉为是这部动画片中最经典的场面，最后一位就是貌似一脸憨厚其实满肚子坏水的黑心商人桔梗店的老板，尽管他每次都想证明自己和一休相比确实存在着智商方面的优势，却每次都以失败的秀下限而告终。

然而，在真实的历史中，这些所谓的二百五却都是一个个非常恐怖非常大腕儿的人物。

首先是将军足利义满。

虽然动画片里无论是形象还是遭遇都非常不堪，但实际上，足利义满却绝对是称得上"一代明君"这四个字的。

此人是室町幕府的第三代将军。在当年南北争霸的年代，他亲率大军，以武力击破结城家以及北畠家等武力顽抗派，接着又用政治手腕打压了那些个不敢明着动家伙却在背地里搞事的山名家和大内家，独掌全国大权并确立了将军独裁体制。在文化方面，他建造了花之御所以及今天闻名世界的金阁寺，可谓是真正的文治武功之君。

115

不过，足利义满真正登峰造极的地方，是体现在其政治地位上的。

除了征夷大将军之外，义满还担任过内大臣、左大臣乃至太政大臣。太政大臣就是天皇的师父，这个职位在整个日本历史上只有94人担任过，其中，能够做到既当过将军又当过太政的，除足利义满外，仅德川家康、德川秀忠以及德川家齐三人而已。

不仅如此，他们足利家还享有准三宫的地位。就是说，足利义满的老婆、老娘以及奶奶，分别享有与皇后、皇太后、太皇太后同等的待遇。他的后代也一样，换言之，即给予足利义满之后所有的足利家将军皇族待遇。

这已经是属于很牛的了，但还有更牛的。

应永十五年(1408年)，足利义满病逝，朝廷追认其为太上天皇，就是天皇认他当亲爹。

这玩意儿在日本总共只有六人得到过，然而，足利义满却是他们中间唯一一个不是皇族出身的。

不过因为考虑到树大招风，所以这个称号最后还是被当时的室町幕府给婉拒了。

可以这么说，从有日本列岛的那天开始算起一直到今天，除了历代吃人饭干人事儿却愣要把自己当神的天皇外，地位最高且手中权力最大的，当属足利义满。

这就是传说中的不是爸爸，胜似爸爸。

说完了足利义满再来说新右卫门。

此人的全名应该叫蜷川新右卫门亲当。在动画片中，新右卫门担任的职务是寺社奉行，就是代表幕府掌管天下宗教事宜。不过这个职务的真正出现年代应该是距室町幕府数百年后的江户幕府，所以他其实是不可能当过这个官的。

不过蜷川家的家格很高这个倒是不假。蜷川家是伊势氏的亲族，在室町时代，历代蜷川家嫡子都是幕府的政所主管，主要负责全国的财政以及京都地区的法治诉讼等事务，属于将军下面的直属高官。一休中的那位新右卫门，担任的就是这个职务。

不过，蜷川新右卫门亲当并非是侍奉三代足利义满的家臣，他真正的主公，其实是第六代将军足利义教。而且他还是一个很有名的连歌师。所谓连歌，就是几个人在一块儿一人说一句和歌，只不过下一句得挨着上一句，类似于我国刘三姐他们的对山歌。这在当时的日本属于既风雅又高难度的娱乐，一般人参加不了。而蜷川亲当不仅能参加，还对得非常好，曾经有连歌七贤之一的称号。

虽说新右卫门真实存在的年代似乎和动画片里有所不符，但他和一休互相认识且关系还不错这却是事实。在他儿子蜷川亲元的日记中，不光写到了两人知交的事情，就连一休过世的时候，也特地大书了一笔表达自己的哀思之情。

不过，尽管双方存在着亲密交往的行为这不假，但也并非如动画片里所说，当一休还是个小和尚的时候就已经跟新右卫门称兄道弟了。实际上新右卫门认识一休的时候，自己也已经出家当和尚了，他晚年的时候曾入佛门，并有法号叫智蕴。

还有一点要说的是，新右卫门其实未必有动画里看起来的那么大。尽管至今还没有考证出这位仁兄具体是哪一年生的，但从他的嫡长子蜷川亲元的出生年份（1433年）以及当时日本上流社会大抵生育年龄来看，新右卫门有这个儿子的时候，多半不会超过30岁，也就是公元1403年后生的人，所以基本可以断定，新右卫门比一休要小。

顺道一提，新右卫门的后裔至今还在，而且还很有名，那就是被誉为亚洲最强男人，总共拿过4次K-1格斗比赛冠军的武道家森昭生，别名武藏。

说到这里，或许有人会质疑，既然新右卫门是那么厉害，官当得那么大的一个人，却为何总是会被一个开杂货店的老头子给欺负得都快要濒临崩溃还经常性跑庙里临时抱一休小和尚的佛脚呢？

这是因为那个卖杂货的老头儿不是一般的人。

## ●动画片里最大的内幕，其实也是足利义满手上的王牌

桔梗店老板，历史上是没有的，但原型是存在的，而且还不是一个人，是一帮。他们就是掌控着足利幕府时代日本经济世界的豪商。

作为一个对上要控制天皇，对下要压制诸侯的将军，足利义满势必需要大量的金钱。但那个年头日本尚且很穷，榨干全国都出不了几滴油。于是，他就把眼光放到了海外，然后落在了中国的身上。

很多史料都认为足利义满是一个相当亲华的统治者。原因是自打唐朝衰落之后，日本就开始一天比一天不待见中国了，元朝时忽必烈两次征讨日本，皆被打了个大败，直接导致了日本上下更加不鸟中国，而唯独义满，却一反常态主动跑上去跟人拉关系。

且说明朝建立后，朱元璋对于沿海倭寇猖獗非常头痛，仗着大国威风，曾下了一道口气极为严厉的文书给日本，大致内容是倭寇这玩意儿是从你们家跑来害人的，所以你们有义务"废品回收"，若是不从，那我即刻就派天兵渡海，消灭你丫的。

估计朱元璋不太懂当时的日本政治格局，这信居然被送到了

南朝朝廷的手里，具体收信人是镇西将军怀良亲王。此时日本南北分裂，国力远不如北条幕府抗击元朝来袭的时候，但这位王爷还是很不卑不亢地回了一封信给明朝政府，大致内容是说，自三皇五帝以来，不是只有你中华帝国才有皇帝，蛮夷部落也是可以有首领有大王的。所谓天下，也不是一个人的天下，你看我们倭国，方圆不过三千里，城池数起来也就五六十，尚且小日子过得挺乐呵，而你们泱泱中华，明明方圆数百万，却还要跟我们这么个弹丸小邦过不去，总是想灭这个灭那个，是不是有心理问题啊？再说了，你们中国古代有那么多仁君贤王，你们干吗不学学他们啊？我知道，大明朝有雄兵百万，能攻城略地，可我倭国也不是没有勇士和城墙啊。论文的，我们学过你们的孔孟之道；说武的，我们也会你们的孙子吴子，你们真的要来，我们是绝对不会跪地投降的。不过，你发兵之前可得想清楚，打赢了我们，那叫胜之不武，可若是万一不幸步了前朝的后尘？那可就丢人丢大发了呀。顺您之意未必生，逆您之旨也不见得亡，反正，万事以和为贵，大家过太平日子，岂不是更好？

这信朱元璋是颤抖着双手给看完的——被气的。不过想想似乎也是这么个理儿，所以也就只能作罢。但此后不久他下了一道圣旨，那就是著名的明朝海禁政策，原本往来于两国之间的贸易，就此全部中断。

不过当时的日本有多么不把中国当盘菜，也由此可见一斑。

然而，到了足利义满统一日本之后，他对中国却呈现出了一种和前人截然不同的态度。

首先，他以准三宫的身份代表了日本朝廷，向明朝进贡，挑着好东西说着好话地去哄明朝皇帝高兴，表示自己愿意做泱泱中华的属臣。当时朱元璋已经挂了，继位的是建文帝，这人要比他爷爷的性格温和很多，自然也好说话，当下就以宗主国的名义册封足利义满为日本国王，意思是说既然你是日本皇族，而且还那么亲我们，那就让你统治日本得了，至于原来的天皇，哪儿凉快哪儿先歇着去吧。

足利义满表面谢恩，暗地里把那册封书给垫了桌底——日本人历来敢杀将军敢杀亲爹，可就是不敢打天皇的主意，至于原因，这里就不细说了。总之，这是他们的历史传统。

接着，足利义满再派使者渡海赴明，跟建文帝套起了近乎，表示大哥你想要小弟做啥，只要小弟能办到的，赴汤蹈火在所不辞。

建文帝说那好，既然你这么有心，就帮我把那些成天在海上漂荡的倭寇给消灭了吧。

足利幕府答应得特别爽快，表示你的事儿就是我的事儿，咱当小弟的，一定为大哥分忧。

这是自遣唐使被废除以来，日本对中国最亲热的一次。当时满朝文武都觉得足利义满挺不是东西的，用今天的话来讲，就是大家都感觉这厮是个叛徒。

足利义满没理他们，他也用不着去理这些人，而是继续着自己和明朝的套近乎大业。

你以为他为什么这么做？因为害怕明朝的威武？或者天生就热爱中国文化？

都不是。

应永四年（1404年），明成祖朱棣表示，恢复和日本的正常外交，并同意两国建立正常贸易往来。不过，贸易的对象仅限于他足利将军家。

这就是答案了：钱。

不过虽说是垄断贸易利润巨大，可这并不代表就直接能有钱了。毕竟足利义满不能提着篮子挑着扁担地去当倒爷，他得需要代理人，那就是像桔梗店老板他们那样的大商人了。

实际上的贸易，都是以每一船为单位由豪商承包的。也就是说由商人负责准备船、船员和货物，进行航海和对明贸易，所得利润的一部分上献将军，将军要出的资本只是自己的名字而已。虽然幕府得到的只是一部分利润，但已经是非常庞大的数字了。而那些豪商要雇佣、统领大量的船员，进行危险的航海，其动员力可以说是已经胜过一般诸侯了，再加之这些做生意的确实对国家而言至关重要，故而他们说话的分量极重，参政议政的程度也颇高。而且当时武士和商人间的区分还不十分明确，所以桔梗店老板的地位，放到今天的日本，有可能就是某大财团主席兼大藏大臣再兼一个自卫队的什么高级干部。

这也就是在当时的情况下，新右卫门作为一介武士而拿桔梗店的老头没法子的原因了。

这就是动画片里那三个二百五的真相：一个位极人臣，一个幕府高官，一个则代表了全日本的经济秩序。

不过在动画片里，这三位大佬依旧得被一休涮着玩儿，毕竟人家是主角。

那么，真实的一休到底是怎样的存在呢？

# 一休

第九章

● **问禅就是用最不正经的话，讲最正经的理儿**

其实在小和尚打破茶碗然后用问禅的方式坑完足利义满后，这事儿并不算完，还有后续。

因为将军大人发现，这小和尚如此聪明，更重要的是如此有胆略，小小年纪就敢这么坑老子还不带脸红，怕是留不得了。

不过足利义满毕竟是足利义满，城府之深全不可测，尽管心中已然杀机四伏，但脸上却是一片淡然的春光。他看了一眼周建，招呼说到饭点儿了，要不像外大师您留下来用膳吧，这位小和尚也一块儿呗。

当时日本饭局的搞法完全传承自古中华文化——每人一个小案子，案子上放着自己的一份酒菜。内容大家都一样，但各自吃各自的，你可以选择吃什么或者不吃什么。

幕府将军的招待当然要比寺里的粗茶淡饭强得多得多，周建活了这么些年都从来没想到过天下居然还有这等好吃的东西以及这好东西居然现在就在自己的碗里，因此也不客气，抄起筷子把能吃的全都塞进了嘴里。

像外老和尚看傻了。

前面说了，每个小案子的菜式都一样，像外大师一眼就看到自己的面前除了素菜斋饭外，还有鱼肉，想必周建也是一样。虽说现如今在日本和尚吃荤也不算啥新鲜事儿，一些流派几乎是只要一心向佛就能百无禁忌了，但在室町时代，这是决不允许的，不管你是啥派。

周建虽说还是个孩子，但毕竟也是混了好几年佛门圈了，这种最基础的常识绝不会不知道。可这位小爷偏偏就是不把自己当和尚，毫不客气地见啥吃啥，一直吃到盘子亮得能当镜子使为止，俨然一副准备给光盘行动代言的架势。

像外大师不由得开始颤抖了起来。

这是一个看着很拙劣但却不折不扣的陷阱，架设者，自然是足利义满。

这些，像外和尚还是能看出来的，他只是不知道，足利义满搞这一套到底是为了什么。

是针对周建，还是针对自己？

像外是安国寺的住持，这个我们都知道，安国寺规格很高，这也说过了，但规格高之余，它还很特殊。如果说伊予局是一个有南志的人的话，那么安国寺就是一座"南寺"。

当年南朝的核心层，从大佬后醍醐天皇到反贼楠木一族，都在安国寺有牌碑——虽说肯定还有一堆和南朝无任何瓜葛之人的，但和尚每日诵经祈福超度的时候，必然是不论南北，一起给度了的。

虽说这和像外和尚本人的政治立场绝对构不成逻辑上的因果关系，但他毕竟是隔三差五指挥着一帮小和尚给那些人念经求超度之人，瓜田李下的，不多想才怪。

如果足利义满借着周建破戒吃荤或是茶碗打碎追究起安国寺

的连带责任,那就会有很悲剧的结果了。

一边像外正瑟瑟发抖地瞎琢磨着呢,而另一边的义满却压根儿没有那意思,只是蹲起身子,直扑周建,大声厉喝道:"周建,你是出家人吧?是和尚吧?!"

"是啊。"周建说这话的时候,手里还拿着一个正啃了一半的鸡腿,"贫僧确实是和尚,怎么了?"

"你身为出家之人,居然连鱼肉都吃,成何体统!"

此言一出,足利义满当时就后悔了。

诚然,出家人是不能吃荤的。可吃了又能如何?

按照清规,破戒至多逐出山门,说破天了也就是不让你当和尚罢了,这有个屁用?

周建他本来就不是和尚也不必去当和尚,他的真实身份是皇子,让他来当和尚纯属你足利义满自己的意思,想要把这孩子与红尘隔断,规避一些不可说的风险。

结果倒好,你自己设了一个陷阱,又让他不用当和尚了——然后重新回去当皇子?再让他闲着没事儿听妈妈讲讲过去的故事什么楠木正成七生报国啦之类,二十年后妥妥地回来报仇?

耳光打得响不响亮?脸疼不疼?

不过,让义满感到无比幸运的是,尽管事态的发展因为自己的愚蠢而即将走入一个进退维谷的田地,但对面的那个小和尚,却也是一位技能满点的小能手。

面对将军的责难,周建不卑不亢地回道:"贫僧哪有吃它们?只是让它们从贫僧的口中路过罢了,最终这些荤腥之物,仍会从贫僧体内排出,不是吗?"

这话说得那叫一个顺溜,让足利义满瞬间满心欢喜了起来。

顿时,他大喊左右:"拿我的刀来!我的刀呢!"

124

接过刀，义满看都不看一眼直接就抽其出鞘，明晃晃的刀尖对着周建的鼻子："你说那不过是从你体内经过是吧？佛云众生平等，既是鱼肉能过，那也让我这钢刀过一回吧！"

周建连忙摆手："不可！"

"如何不可？！"

"我的身体确实什么都能通过，可是，因为我一心向佛，所以是不会让钢刀这么危险的东西进入我的体内的。"

"哦？你是说你一心向佛？"足利义满的脸色变得严肃了起来。

"是的。"

"此话当真？"

"千真万确。"

两人不再说话，对视了足有数分钟之久。

足利义满笑了："既是你一心向佛，那这回就饶你一次吧。"

其实足利义满并不是真的想将周建从这个世界上抹去，只不过单纯从室町幕府政治安危角度考虑的话，有南朝血统的皇子自然是少一个好一个。然而当年仅9岁的周建以异常认真的态度说出自己一心向佛，多半应该不是谎言。更何况，当着那么多人的面和一个小和尚过不去，也实在有失颜面，不如等他长大了再看吧，如果到那个时候他有二心，再砍也不迟啊。

这件事发生之后，周建和足利义满之间的交往很微妙地频繁了起来。后者隔三差五地会把前者叫到金阁寺去聊聊人生谈谈理想，美其名曰问禅论道，实际上是想拿小周建开涮逗乐子。

然而往往事与愿违。

比如说有一次，义满问周建，老虎可怕不可怕？

周建点点头，说可怕。

义满又问，那么画上的老虎可怕不可怕？

125

周建摇摇头，水月镜花纸老虎，不可怕。

义满点点头，带周建来到一处屏风前，指着屏风上画着的下山猛虎，说既是不可怕，那你把这只老虎给我抓过来吧。

周建看了看义满，说行，我抓，但你先把它从画里给赶出来呗？

义满一时语塞，琢磨了半天，说快中午了，你饿不饿？

类似的事情有很多，这也就是为什么动画片《聪明的一休》能放那么多集——不是说每一集都是真人真事儿，但确实有不少是事出有典。

## ●普度众生究竟为何物

周建是个很诚实的人。确实如他所言，自己是个一心向佛的家伙，这一点，师父像外和尚最清楚不过了。

其实从入安国寺伊始，周建便不是普通的小和尚，除了念经学佛之外，还兼任像外的侍童。

像外是当时临济宗的高僧，老和尚一闲下来，就会和小和尚讲故事。

从前有座山，山上有座庙……哦，不对，应该是周建，你为何要出家？

"我怎么知道？我娘让我来的。"

"那你想当怎样的和尚？"

"悬壶济世的那种。"

"我们这儿是庙，不是医馆。"

"那……那……那话怎么说的来着？"

"救世度人？"

"对对对，就是这个。"

像外笑了："你打算如何救世？又如何度人？"

"大彻大悟之后……"

"何谓悟？何又谓之曰大？"像外打断了周建。

"……"

"你天分甚高，以后成为一个好和尚或许问题不大，至于救世度人，怕是没那么简单。"像外仍是一脸笑容。

应永十二年（1405年），考虑到周建生性聪明有慧根，一辈子待在安国寺实在不会有什么大前途，像外大师将其送往宝幢寺，托付给了自己的好友清叟和尚。

清叟亦是一代高僧，他让周建在宝幢寺中和成年僧人一起学习维摩经。任谁也不承想的是，周建竟然只用了短短一年时间便精通了所有经文，于是周建便又在次年（1406年）被送入建仁寺跟随著名学者慕哲大师学习汉学和汉诗。

那一年，他12岁。

当时在日本的上流社会，汉学造诣的高低往往能够直接评判一个人的修为和教养。对于那些精通汉学能写写汉诗的人，全社会都会尊称之为先生。

结果周建再度爆发小天才本质，在建仁寺混了两年，便顺手赋诗一首，名为《春衣宿花》：

吟行客袖几时情，

开落百花天地清。

枕上香风寐乎寤，

一场春梦不分明。

这是一首描绘樱花开落景象的汉诗。可以毫不夸张地讲，就算拿到同时代的中国，这也是一等一的上品佳作，更何况周建不光是日本人而且当时还只有14岁，能够做到这个地步，着实难能可贵。当时京都的人们对这首诗当然也给予了高度的评价,大伙纷纷互相传抄学习,一时间弄得"洛阳纸贵"。

然而周建却并未因此沉浸在欢乐之中,相反,他还觉得很痛苦。

这种痛苦源于一种迷茫和困惑——他并没有忘记自己的梦想,自己是要在大彻大悟之后,做一个能够"救世度人"的和尚。然而现实则是,自己非但没有大彻大悟也不知道如何大彻大悟,反而还一步一步地变成了一个学者。

尽管在吟诗作对之余,周建当然也会念经学法,可这种修行修得愈深,迷茫也就越大。

更让他困惑的,是建仁寺本身。

建仁寺是五山之一,之前就已经说过,论地位,建仁寺较之安国寺还要高出一头。在尊佛之至的室町时代,很多高级武士以及公卿贵族都把自己的孩子送入寺庙,想修行个几年或弄一张能证明自己是得道高僧且能开寺院的印可证,或者就干脆进去镀一层金,以便将来还俗后的平步青云飞黄腾达。

这么一来,原本的佛门清净之地当然也就变了味了。基本上建仁寺的日常就是一群贵族子弟象征性地念一念该念的经文,然后开始攀比自己的穿戴以及各种可以比较的事情。

比如有的人会拿出自己的袈裟来显摆,说这是花了多少黄金给头来的。

还有的人拿出念珠,说这是哪个大寺住持给送的。

有的人一时间拿不出宝贝,于是便说,我是细川家的,我爹正三品。

边上的也不甘示弱,表示我爹是九条家的公卿,我娘是藤原家的千金,见天皇如见家人一般,而本大爷,自幼便陪亲王读书。

一群人争完闹完,又开始商量等下去哪儿找乐子,是喝茶好呢,还是赏花好。

每到此时,周建就默默地坐在一旁,或埋头看书,或默诵经文,希望在字里行间的世界里寻找一份平静。

然而他还是做不到。

于是有一天,当一帮人再度开始扯淡攀比的时候,忍无可忍的周建站起来,一把抓住了其中一人的衣服,怒吼道:"你们真是太可耻了!"

所有人都一愣,大家不知道这个平日里沉默寡言的小天才今天吃错了什么药。

那个被抓着衣服的就是自称亲爹姓细川的三品官二代,他默默地把周建的手从衣服上拉开,然后以贵族特有的淡定口气问道:"你怎么了?"

"你们身为出家人,却穿着如此华丽的衣服,还炫耀自己的家世!"

"这个……有什么问题?"

"你们既然是出家,那就应该舍弃身份和家世这种无聊的东西!释迦也曾说过,众生平等,像你们这样的,哪还有平等可言?!"

"哈哈哈哈。"九条家的孩子实在是忍不住了,大笑了起来,"你居然把这个当真?"

周建的眼睛都射绿光了:"如何不当真?!"

"所谓'众生平等',根本不过是一种理想。我们进入建仁寺,不过是为了以后的飞黄腾达做准备罢了,看你平时那么用功,却根本不懂世事,真是既可笑又可悲。"

周建被完全激怒了,他放开了细川家的孩子,径直朝着九条家的孩子走去。

众人一看这架势是要开打，连忙拉的拉劝的劝，说大家好歹都是出家人，佛门清净之地你想打人？不妥；不妥啊。

"周建。"一直都没出声，甚至都没去劝架的细川小朋友突然开了口，"你这么愤怒，是因为我们在闲聊的时候，不断地提起那些世俗无聊之物，对吗？"

周建不说话，看着他。

"我是细川家之子，你要打的那个，是九条卿的次男，现在正拉着你的，是将军家的亲戚……"

"够了！"周建怒吼道，"我知道你们是谁，这种东西有什么好反反复复夸耀的？！"

"我没有夸耀啊。"细川小朋友依然很平静，"据我所知，你出身皇家，因各种机缘巧合而出家为僧，来到这建仁寺，对吧？"

"那又如何？出身这种东西，我早就舍弃了！"

"舍弃了？好，那我且问你，在这偌大的建仁寺，可有农家出身的和尚？"

周建顿时语塞，他环顾四周又仔细回想了一番，发现真的没有。

整个建仁寺，甚至是之前的安国寺、宝幢寺，和自己一同修行的和尚们，非富即贵。

"所以我刚才说了，这不是夸耀，而是现实。"看着周建的表情，细川小朋友笑了。"这世道永远是人以群分，哪有众生平等？我若不是细川家的出身，今天定然没有资格和你在此处坐而论道了吧？"

周建再度陷入了痛苦之中。

他发现细川君说得居然很有道理，自己根本无法反驳。

周建耻于和那些只知家世的贵二代们走在一块儿，但又不知道究竟该怎么办才好。因为他既不想凭借着自己的皇族血统在和尚堆里飞黄腾达,却也不得不承认,自己之所以还能琢磨大彻大悟,琢磨佛法,是因为自己的皇族血统。

既然根本就没有众生平等这一说,那我还修个屁的佛法啊?

不管怎么想,周建始终得不到答案。于是他只能游走于街上,想通过压马路遛弯这种方式来排解心里的痛苦。

结果刚下山还没溜达上两步,就被人给拉住了:"师父,给点吃的吧,我家孩子三天没吃饭了。"

回头一看,是个要饭的。

周建平时就不怎么出门,出门了也不怎么带钱,因此只好实话实说:"抱歉,贫僧今天没钱……"

"你穿得如此华丽,又怎会没带钱?师父,出家人慈悲为怀,你连这点儿施舍都不肯吗?"

一听这话,周建条件反射一般地反驳道:"我出家人,哪会穿戴华丽……"

然后被要饭的打断:"师父,你看看你,再看看我们,还不叫穿戴华丽?"

建仁寺的袈裟,做得确是极为考究,再看那要饭的,浑身上下就没有一块完整的布片。

就在两人说话的当儿,周建身边不知何时又围上来了几个乞丐,有老人,有一看就是病入膏肓的病人,还有抱着孩子的女人。

当时的日本两极分化比较严重,有钱的人真是非常有钱,没钱的人家里穷得连锅都没有。即便是在国家中心的京都,也一样会有很多要饭的。

贫富差距这种东西当然是有比较深刻的政治原因的,但当时的周建不过只有16岁,显然不会明白其中就里,看着这一群围上来问自己要饭的人,心中只有痛苦。

作为一个出家人,周建明白自己的使命并非待在庙里念经诵佛,而是应该去普度众生。唐僧当年之所以上西天去取经,为的就是学会经文里的东西然后讲给众人听,用佛法的精髓来消除人们心中的各种阴暗念头以及痛苦。而周建作为一个有高度责任感的和尚,现在眼前放着那么多大苦大难的人,他却无能为力,这真的是一件痛苦万分的事情。

他唯一能做的事情是低头道歉:"对不起了,在下没有可以给大伙的东西……"

正当周建觉得自己整个人都充满着无力感时,一个老和尚拿着一个大碗走了过来,一边走,还一边招呼着乞丐们来分自己碗里的食物。

## ●小悟便是大悟

把东西发放给穷人的老和尚叫谦翁,是西金寺的住持,平日里经常把化缘得来的东西和那些吃不上饭的穷人们一起分享。

周建觉得这应该是个了不起的人,所以跟上前去,把自己心中所有的困惑都告诉了谦翁。

谦翁听完之后只是微微一笑:"不必理会旁人的眼光,你只要按照自己的想法去做那就足够了。"

说完,谦翁便起身要回寺。

"等等!"周建扑倒在地,"请收我为徒吧!"

谦翁很惊讶:"难道你真的愿意离开那么有钱的建仁寺?"

"这是我想要走的路!"

"那你就来吧。"

做了谦翁和尚的弟子之后,周建改了名字,他从谦翁和尚的全名谦翁宗为里取了一个宗字,叫自己宗纯。那一年,宗纯不过16岁。

西金寺就是传说中那种一万年都不会有一个来拜菩萨的香客的破庙,连庙宇的屋顶都是漏水的。而且在里面做和尚还得自己种地,因为庙穷,所以不劳动就没饭吃,每天上午宗纯就跟着谦翁一起"修地球",修完地球吃午饭,吃过午饭就上街要饭,即化缘。

这是宗纯从未体验过的生活。要知道,从小就是五山十刹里混出来的他,虽说也经历过粗茶淡饭的苦行僧岁月,但像这种自己动手丰衣足食的南泥湾生活,还是头一次体验。

不过他丝毫没有觉得任何不适,相反,还觉得特别充实。

这样的日子一过就是5年。第六年开春,重病的谦翁和尚终究没能熬过去。

恩师的过世对宗纯是一个相当大的打击,最主要的是,一下子失去了精神上的支柱,使得他又开始迷茫了起来。这回不光是对修行的迷茫,更有对前途的迷茫,宗纯甚至不知道自己今后的路该怎么走。

彷徨之中,他来到了琵琶湖畔,这是日本境内面积最大的淡水湖。

然后宗纯毫不犹豫地走入湖中。他想到了死,因为只要人一死,任何迷茫和痛苦都不存在了。不仅如此,生就是死,死就是生,正所谓蝶闯入我梦,我又在蝶梦之中,是醒是梦又有何不同?

或许,只有死,才是真正的大彻大悟吧。

那时候还是初春,寒风刺骨,天冷得不行,更别提这浮满了冰碴子的琵琶湖了。所以宗纯进去没多久,水还没盖顶,他就幡然醒悟了:

人死了确实是没有了痛苦，可同时消失的，还有自我，抛弃了自我，还算什么大彻大悟呢！

于是他又爬上了岸。

到底是年纪轻身体底子好，居然连烧都没发。

数日后，宗纯回了一次家。这是自他5岁出家后16年来头一次重归故里，也是16年来头一次和母亲重逢。

在家里待了一年之后，宗纯决定去拜华叟为师。

华叟全名华叟宗云，在当时日本的宗教界里是个很牛的人物。他得的是大德寺大灯国师的真传，本来仅靠此一条，便能飞黄腾达，不过华叟为人极为正派，特别讨厌依靠宗教佛法来发迹的肮脏行为，所以只在琵琶湖畔造了一个叫禅兴庵的小寺院，然后带着几个弟子修行禅道。

和母亲道别了之后，宗纯来到了禅兴庵，不过却被挡在了门口。

那里的人告诉他，华叟和尚已经不收徒弟了，所以还是哪儿来的回哪儿去吧。

宗纯想了想，便跪坐在了门口。

这一跪，就是五六天。

华叟这人也不是什么善茬儿，听说宗纯在外边跪了好几天都没挪窝之后，不但不让他进来，还叫过了自己的弟子说："拿一盆水浇他身上去。"

当时已是应永二十一年（1414年）的深冬了，天上还下着大雪。一盆凉水倒上去，那感受可想而知。

每当我看到这段的时候，总是打心底里佩服：身体真好，吃什么吃出来的？

经过了这次洗礼之后，华叟算是相信了宗纯的诚意，于是也就不再折磨他了，答应收他为徒。

而那位拿着凉水去泼宗纯的，叫养叟，是他的师兄。不过两人的关系一直不怎么好，而且就佛学方面的理解也是各不相同，最终是落了个分道扬镳的结局。当然，这都是后话了。

再说这宗纯入了禅兴庵之后，首先明白了一个道理，那就是在这世界上，没有最穷，只有更穷。原本他觉得西金寺的日子就已经够贫穷的了，吃饭还得自己种地上街行乞，却没想到禅兴庵更加过分，除了要做前面两样之外，还得做副业补贴寺院里的开销。具体说来是缝香囊和小挂件，然后拿到市场上去卖。

从历史上的各种记载资料来看，一休应该是日本历史上第一个做针线活赚钱的皇子。

不过，尽管每天的工作量都非常繁重，但宗纯却再也感觉不到在西金寺时候的那种充实感了，相反，他再一次感到了无尽的痛苦。

因为他发现自己当了那么多年苦行僧，念了那么多年的佛经，却和之前没有任何区别——他依然没法拯救那些穷苦的百姓，依然无法消除他人的烦恼，甚至连自己的母亲都帮不了。

其实伊予局表面上很平静，但内心是相当有怨念的。她痛恨夺走自己儿子的幕府，痛恨将自己赶出宫的朝廷，可以说，从被赶出宫的那一天开始，她就活在了无尽的痛苦之中。

从本质上来讲，自己的行为其实和那些想进五山十刹的贵族子弟没有任何区别。因为不管是哪一方，都没有办法尽到僧人的责任，区别仅仅是表面的形式：宗纯在苦修，他们在混饭。

说得更露骨一点，宗纯的苦行僧生涯甚至可以说是一种装模作样。

怀着这样的痛苦和纠结，他再一次走进了琵琶湖。不过这次倒不是寻死，他是坐着一条破船去的，宗纯打算在这平静的湖面上好好想一想。

他想到了谦翁和尚说过的话:"按照你自己的想法去做就足够了。"

什么才是自己要的?每天过这种跟劳改犯一样的生活?每天沉浸于阿弥陀佛之声?不,不是这样的,自己想要的,并非这些。

自己想要的,应该是用佛法来消除世人的痛苦,而不是单纯的独自埋头搞那些经文研究。

虽说现在的生活,看起来道貌岸然,俨然一副出淤泥而不染的模样,可难道不觉得这些相当虚伪吗?

明明什么都做不了,却还要用修行的面具来伪装自己,同时对那些和自己形式不同本质相同的人横加指责,这算什么佛门子弟?

不知不觉中,一夜过去了,太阳缓缓升起,而睡在树林里的乌鸦也睁开了眼睛,拍动着翅膀飞向天空,去寻找它们的早餐。

远远望去,乌鸦在太阳之中,既和太阳融为一体,却又能清晰地分辨出它们那漆黑的身影。

"哇!"一声鸦叫划破长空。

坐在船上的宗纯猛然顿悟。

佛有千千万万,每个人都有属于自己的那一尊独特的佛。

那尊佛,就是自我。当一个人能够脱离自我却又不迷失自我且真正直面自我的时候,他看到的那个自我,就是佛。

所谓菩提何来有证果,今日方知我是我。

佛家一直说真善美,真,才是后两者的根基。而现在的很多人却往往将这最重要的东西给忽略了,只求形式上那所谓的善和美,殊不知,若没了真,那善,就成了仅能满足少数人的小善乃至用于满足自己的伪善;那美,也不过是昙花浮云,一己私欲而已。

那一年，宗纯 26 岁。

当华叟大师听闻了他对大彻大悟的感受之后，只是很轻蔑地一笑："你这个算什么大彻大悟，最多算是个小悟罢了。"

"小悟就足够了。我不需要什么大悟。"

华叟哈哈大笑："很好，很好，这才是大彻大悟，我给你印证，你可以出师了。"

印证之前我们讲过，算是认可一个和尚的最重要证书之一，就跟你今天的大学文凭差不多。

宗纯毕恭毕敬地双手捧过印证，看了一眼，在确认上面确实写着自己的法号之后，将其随手扔在了地上。

"我学佛不是为了发迹，这东西，看过就当是有过了。"

"很好，不过还是得给你点什么。既然你不要印证，那就帮你取个名字吧，叫一休如何？"

"多谢师父。"

获名一休之后，他继续在西金寺修行，只不过行为和之前相比有了很大的不同，主要表现是放浪了很多。比如在他 28 岁的那年，传来了大德寺住持和尚过世的消息，由于华叟之前就是那里的得道高僧，所以自然得去参加葬礼。作为华叟的得意弟子，一休也跟着一块儿去了。

日本跟中国一样，都是很讲究红白喜事的国度。特别是和尚，葬礼上那都得穿着上好的袈裟礼服，正襟危坐给死者祈福。

结果当一休出现在葬礼现场的时候，所有人都惊呆了。

因为他浑身上下没一件好衣服，那副模样要是上台演济公都不用装扮，甚至比济公还济公。人家也就是鞋儿破帽儿破身上的袈裟破罢了，可一休是只穿了一只开了口的鞋，再穿了一件带一个大洞的袈裟，僧帽也没戴，就这么一摇一摆地跑来沉痛默哀了。

最可恨的是哥们儿望着大伙诧异的目光，还用很鄙视的神情说了一句："看个屁，我穿什么是我的事情，关你们鸟事？"

从此，他又有了一个新外号——大德寺的恶魔。

对此，华叟却是哈哈大笑，宛如在看别人家的事儿一般。

## ●父与子

在一休34岁的时候，华叟大师圆寂，于是他便离开了西金寺，开始了云游四方的人生。

不过说是四方也没那么夸张，其实也就是在京都附近的近畿一带混而已。

在那几年里，因为最强的统治者足利义满去世，从而使得幕府的势力全面衰退，社会变得一片混乱。而一休就是在这样的环境下，云游近畿，然后碰到了各种各样的人。但无论是穿戴华美的公卿贵族，还是家里连饭都吃不上的穷苦老百姓，他都没有任何歧视，用最浅显易懂的方法为他们讲解佛经。不仅如此，他还亲自把原先只由艰涩难懂的汉字组成的经文重新用假名的形式写了一遍，这样一来，很多不懂汉文的下层百姓也能看明白经书的意思了。

这是一个跨时代，甚至改变历史走向的举措。首先佛法从此不再是上流社会的专属品；其次，日本后来有过一个佛教宗派叫一向宗，那是一支可以跟地方诸侯抗衡但大多是由贫苦百姓组成的力量，而若是没有一休的假名版佛经，这些信徒连佛法谓何物都不知道。

不过，尽管此时的一休已经俨然是一副得道高僧的模样，可他当年那些用来坑人套人的机智聪明却一点也没有消退。

有一次，一休来到了一个小镇，在住店的时候发现店老板的样子很奇怪。

"老板，你感冒了吗？怎么说话声音那么哑？"

"大师，您有所不知，这里现在流行着一种怪病，染上了之后就会嗓子感到阵阵发麻，很是痛苦。"

一休听了之后先是深表同情，接着又问老板是不是要让自己给他们介绍几个好医生来看一看啥的。

老板苦笑着谢绝了："其实也不是什么不治之症，只不过镇子上的药店故意将药价抬得很高，所以很少有人买得起罢了。"

一休想了想，笑了："既然这样，就交给我吧。"

第二天，他就来到了药店："老板，你把治嗓子药的药方告诉我吧？我帮你念经祈福，如何？"

老板知道这就是满世界乱窜的一休大师，能得到他的诵经那自然是再好不过，于是满心欢喜地表示同意，但唯独只有一个条件："大师，这药方是秘密，您千万不可以告诉别人哦。"

"你放心，我答应你，绝对不会对别人说的。出家人说话向来有信用。"

结果第三天，在这个镇子上最热闹的十字路口竖起了一块牌子，上面非常完整地写上了治嗓子药的全部配方，并且还用假名标注，生怕人家看不懂。

"我遵守了我们之间的约定，并没有说，只是，也没答应你不能写吧？"

一休这么对那个气得乱跳的老板说道。

一边化解老百姓心中的痛苦和迷茫，一边融入老百姓中并真正地为他们做实事，就这样，一休的名声越来越大，越来越多的人都尊敬地叫他"一休师父"或者"一休大师"，到了后来，大伙干脆亲切地叫他一休桑（一休さん）。

就这样一直到永享五年（1433年）深秋的时候，突然有一个宫里打扮的人找到了已经39岁的一休，表示奉旨请他入宫一趟。

他随着使者走进了深宫，走进了这原本应该是属于他的深宫。

然后一休看到了已经处在病危状态的后小松上皇，确切地说，是临死状态。

后小松屏退了左右，只留下了一休一人。

这是后者活了三十九年来第一次看到自己的父亲，也是前者三十九年来第一次看到自己的儿子。

"大师……"

"陛下。"

当年小仲马创作了剧本《私生子》，在结尾处有这么两句对白：

父：当我们两人单独在一起的时候，你一定会允许我叫你儿子的。

子：是的，叔叔。

剧院老板对此表示强烈不满，觉得这部作品哪里都好就是这里不和谐，要求改成父子热烈拥抱，但遭到了作家的无情拒绝。

"我就是为了这两句话才写的这个本子。"小仲马说道。

他是著名文学家大仲马的私生子，长年累月得不到父亲的承认，一直活在痛苦之中。

父子相见却不能相认，不愿相认，无疑是世间最痛苦的事情之一。

没有任何史料记载了两人会面的详细情形，只知道一休出宫后的当天，后小松天皇就驾崩了。

那声爹以及那声儿子，终究没能被两个人叫出口。

其实这也并不是两人的第一次往来。

早在正长元年（1428年），当时已经退位的后小松上皇便派人找过一休，带进宫后却并未父子相见，只是由近臣出面，问了他一个问题："此刻天子病危，您看由谁来继位比较好？"

近臣口中病危的天子，是一休的弟弟称光天皇。根据御医诊断，天子驾崩不过在三五日内，而有资格成为天皇的其实也就两个，都是伏见宫亲王的血脉，一个是彦仁亲王，还有一个是贞常亲王，前者10岁，后者3岁，都是小孩子。

一休听完就很蒙：朝堂之上那么多忠臣良将你不问，偏偏要跑来问我一个和尚，有病还是怎么着？

但那位近臣只是表示，上皇有旨意，务必要问您，您要不回答今天就不放您回去了。

那这还能怎么办，万分无奈的一休也只能说，两个都是小屁孩，立谁都一样。不过老话讲得好，国有长君，社稷之福嘛，那就立那个年长的呗。

说完还问：那我现在能回去了吗？

近臣听完之后恭恭敬敬地行了个大礼，随即表示您现在就能回去了，而我则马上把您的意见转达给上皇。

接着就在第二天，后小松上皇向天下宣布，他将收彦仁亲王为养子，并亲自指明其为皇位的继承人，也就是后来的后花园天皇。

其实两个小朋友，立谁都一样，但偏偏就得让自己的儿子说出来，让伊予局的儿子说出来。

毫无疑问，后小松天皇是深爱着伊予局的。如果没有当初那么多乱七八糟的事儿，那么日本大概率会少一位普度众生的高僧，多一位活在风雨乱世中的天皇。

顺便一说，一休圆寂后他陵墓所在的庙宇，也就是后面即将说到的酬恩庵（一休寺），现在归日本宫内厅管，换言之，日本皇室已经公开承认了他的皇室宗亲地位。

但是这一切,似乎来得太迟了。

见过了父亲最后一面之后,一休继续四处云游,并结识了当时很多的文化名人,这其中包括了连歌师柴屋轩宗长,日本茶道开山老祖村田珠光,动画片里出现过的那位武士蜷川新右卫门等等。

嘉吉元年(1441年)夏,第六代将军足利义教被刺身亡,国家再次陷入了一片混乱,适时天灾又降,整个日本饥荒一片,饿殍遍野。

这一年冬天,一休在京都郊外和另一个和尚一起开起了粥厂,施舍饥民。

这个和尚,叫本愿寺莲如,也就是后来在战国时代赫赫有名连织田信长都为之头痛不已的本愿寺显如的祖宗。

然而,即便是这样的恶年,达官贵人们却依然对民间疾苦不闻不问,只想着如何过好自己的日子。第二年春节,京都城内一片张灯结彩,贵族们的宅门上都挂着象征新的一年到来的门松。

然后一休来了。

他毫不犹豫地闯入一家正在开新年派对的贵族家中,高声喊道:"注意!注意!"然后伸出了手里的木棍。

接着有人惊叫,有人躲闪,有人当场口吐白沫倒地不起。

因为这根木头上,还插着一个骷髅。

"愚蠢的人啊,你们居然还在庆祝新年?难道你们不知道,每过完一次新年,你们就离坟墓更近一步吗?这门口挂着的门松,是地狱的里程碑,既有喜庆之处,又有哀伤之处!"

据说那年春节,京都的十好几家王公贵族都被一休手上的那个骷髅给吓得整夜整夜做噩梦,年夜饭都吃不下。

云游了几十年后,一休决定安定下来。于是,他在京都乡下一个叫薪村的村子里开了一家小寺庙,取名酬恩庵。

## ●在这一节里,日本著名的战国时代开始了

应仁元年(1467年),74岁的一休在酬恩庵里过着欢乐而又安宁的日子,但此时庵门外的日本,则和上述那几个词完全扯不上边儿了。

这一年一月十七日,一个叫畠山政长的人,先在自己家里放了一把火,然后带着家臣士兵跑到京都的上御灵神社拉起了场子,声称要和自己的堂兄弟畠山义就血拼到底。所谓畠山家,乃是室町幕府将军身边的名门,只不过跟畠山政长关系并不太大,他爹叫畠山持富,乃是幕府老管领畠山满家的三公子。

管领就是你可以理解为将军之下的第二权高位重之人,一般只有三个家族可以担任,分别是畠山家、斯波家以及细川家;比管领再次一等的官叫所司,负责京都的税收和治安,这个东西通常由赤松、一色、山名还有京极四家人轮流担当。所以在当时老百姓嘴里,也有三管四职这个说法。

而畠山政长虽然出身富贵,但说到底也不过是畠山家族的旁系,而畠山义就,才是老管领畠山满家的嫡长子畠山持国所出,可谓根正苗红。

畠山持国病故后,畠山家的家督传给了畠山义就,当时谁都没有异议,除了政长。他坚持认为,畠山义就虽然说是畠山持国的儿子,但说到底也就是个小老婆生的庶子,自己的大爷,也就是畠山持国生前曾不止一次地许愿表示,要把畠山家家督之位让给自己这个比儿子更可靠的侄子。

于是畠山家就这么兄弟反目了。他们这一乱，还只是小乱，事实上真正的大乱还在后头。

话说当时的将军是室町幕府的第八代，叫足利义政，这个人本质上是一个心地善良但明显智商不太够用的人。他是第七代将军足利义胜的弟弟，第六代将军足利义教的儿子。因为足利义教死于非命走得很急，足利义胜10岁夭折走得早，所以才轮到他足利义政当将军。

然后足利义政有个弟弟，叫足利义寻。足利义政特别喜欢自己的弟弟，多次公开声称，如果自己没有儿子的话，百年之后就准备把将军的宝座让给足利义寻。说这话的当时，足利义政不过二十六七岁，他老婆叫日野富子，也只有二十出头，虽然当时没有儿子，但夫妻两人正值年轻力壮，所以足利义寻一度都觉得这是当哥哥的在试探自己，根本就不敢接茬儿。

这样你推我往大概过了一两年，足利义政奔三了还是没有儿子，这在室町时代，基本上就被认定为你的生育能力是有问题的，所以足利义政就认命了。于是就下定了决心，在1464年，亲笔写了一张纸条，上面就一句话：今后哪怕真的生了儿子，也要让他出家当和尚，绝对不让他继承足利家。写完，白纸黑字交给了弟弟足利义寻。

足利义寻很感动，为哥哥的诚心所感动，本来这个时候他正在当和尚，然后收到纸条当即就还了俗，还改了个名字叫足利义视，随后搬进了幕府为他准备的豪宅。之后这人什么都没有干，整天就盼着足利义政蹬腿翻白眼，自己好当这第九代将军。

结果让谁都没想到的是，第二年，日野富子生下了一个儿子。这就叫人算不如天算。

当儿子生下来的同时，足利义政就陷入了一个两头不是人的僵局之中。鉴于自己之前亲笔写给弟弟的那张纸条，所以为了将军家的尊严，男人的面子，他是无论如何都不能收回原先的话，剥夺足利义视继承人的地位；但如果不这么做，孩子的亲妈，也就是自己老婆日野富子那边就过不了关了。

日野富子这个人是日本历史上罕见的女性狠角色，作为一个沉湎于声色犬马中的将军的正室，她从来都没有出现过任何争风吃醋的举动，而是一门心思只干两件事，这两件事情贯穿了她整个人生：一个叫作捞钱，一个叫作读书。

捞钱这方面，她在京都周围设了七个关卡，但凡商人要想通过一律都要按照比例交钱，而且是属于那种宁可错收三千也绝不放过一文的。这七个关卡给将军夫人带来了莫大的财富。但她的私生活并不是如传闻一般的奢靡，甚至还比较节俭，比方说好几年里她穿的都是同一套衣服，甚至连木屐都没有怎么做过新的。

日野富子唯一肯花钱的地方就是请老师教自己读书，她曾经花大价钱找当时的关白一条良兼为她讲解《源氏物语》。关白是朝堂之上顶顶有权威的大臣，就是摄政，我们之前讲过。论人臣地位仅次于天皇，像这样的大人物，一般是不太可能给一个女人当老师的。

但日野富子还是做到了，因为她花了很多钱。在真金白银面前，一条大人别说是给女人讲课了，就是让他坐着跟一条狗扯上一天《源氏物语》，那也是心甘情愿的。

一个女人，如果能够无所谓丈夫的花心乱搞而一心只想着物质和精神两种文明两手抓，那足以证明她绝对不是一个简单的角色。更何况，在两手抓的时候，日野富子也并没有失去自己的丈夫，比方说这儿子，就是她亲生的。

对于她来讲，儿子不光是自己身上掉下来的一块肉，更是自

145

己的一笔宝贵财富——前提是这孩子必须要成为将军。所谓母凭子贵嘛。所以在日野富子的眼里，足利义视就变得很碍眼了。而在足利义视的眼里，日野富子实在是一个随时会要了自己性命的不安定因素。

所以双方就开始搭帮结派对立了起来。足利义视找上了两个人，一个叫细川胜元，一个叫斯波义敏；日野富子则勾搭上了山名宗全和斯波义廉。

斯波义廉和斯波义敏也是兄弟，不过这两人也因为家督的事情而成了仇家，而且这仇完全是足利义政那脑残一手给挑起的。斯波家的家督之位本来是斯波义廉的，但足利义政却偏偏在上一年（1466年）找了个借口剥夺了他的地位，将斯波家交给了斯波义敏。

然后没过几天，又有人传出了斯波义敏要造反的谣言，然后足利义政信了，又把家督的位置还给了斯波义廉。斯波义敏就这样等于是活生生地给涮了一次，自然就不会再喜欢将军家了。

更可恨的是，足利义政其实并非故意想涮人，他是属于那种在完全不知情的情况下，糊里糊涂地就把手下的家臣和自己的亲戚给害了一次又一次的人。我个人觉得这要比蓄意挖坑害人更招人恨。

被足利义政给涮过的还不止斯波一家，畠山家其实也是受害者。本来畠山义就当家督当得好好的，结果堂兄畠山政长跑来参了一本，说他有心谋反。足利义政在没有做任何详细调查的情况下，又相信了。就这样，畠山政长坐上了他梦寐以求的畠山家家督之位，同时还当上了管领一职。

结果是没想到花无百日红，摸透了足利义政不同于常人思维的畠山义就没有放弃，而是转身投靠了山名宗全，利用山名家正受着宠信的时机，反复地为自己说好话，同时也不断地踩着畠山政长。功夫不负有心人，在当年幕府召开的新年晚会上，足利义政宣布，可以让畠山义就恢复自己家督的地位。

本来这种反复无常的渊人的行为大家都已经见得多了习惯了，但没有想到接下来发生的事情还是出乎了所有人的意料。

因为畠山义就当年被平白无故地给夺了家督，这口恶气不出不爽，所以他请求将军能够把自己那可恨的堂兄弟赶出京城。当时足利义政没同意，这个孩子本质上算是个好人，但他还有一个本质上的东西，就是智商不够用。

然后，接下来，他想出了一个相当让人无法评价的招，他是这么跟义就说的："我知道，你恨你兄弟，恨他当初这么坑你，但这怎么说也是你们家的家事，正所谓清官难断家务事，你让我流放你的兄弟，这实在不太好。这样吧，我给你一个机会，特例允许你带兵前去讨伐他，其他人一律不准出手帮忙，如果你能打得过他，那就把他赶出去，要是打不过，那你就自认倒霉吧。"

纵观室町幕府时代十五任将军，算上后面江户时代十五任将军，总共三十人，能够达到如此"没脑子"境界的，足利义政当属第一人。你本质上是个当国家首脑的，一没病二没灾的情况下，从来就只有平息争端，哪有故意挑起战争的道理？

其实足利义政是自以为聪明，他觉得这场战争至多不过是畠山义就和畠山政长兄弟两人之间的小打小闹。他从来都没有想到过，畠山义就早就是山名宗全那一派的人了，而畠山政长向来和细川胜元交好，这两拨人的背后更有日野富子和足利义视，一旦互相角力，那必然是天下大乱。

公元1467年1月18日，畠山义就率先发起进攻。畠山政长没扛住，败了，于是便哭着闹着说要自杀，但最终是没舍得动手，而是修书一封,派人送到了细川胜元那里,大意就是说我不行了,你快来救我。

但细川胜元也是个明白人,他知道,这场战争是将军特地御批的类似于私下决斗性质的双方互搏,而且是下了硬规矩,谁也不准插手。所以现如今就算是畠山政长找上门来,他也是实在是不好出手相帮。更何况,就算真的有心想帮也没法帮,因为这年头背后有靠山的人多了去了,畠山义就的后头,还有山名宗全。

所以细川胜元选择了装傻,不过考虑到畠山政长毕竟和自己交情不浅,所以也就没有白白就让那位送信的使者回去,他叫过来使,给了两样东西,一样是美酒一桶;还有一样是一支箭。那支箭说得专业一点那叫鸣镝箭,射出去会发出声响的东西,每当开战,双方都会在阵前互射鸣镝箭,以示战斗打响。

送箭的用意,其实就是在告诉畠山政长,你既然选择了开战,那就如同离弦之箭,再无回头可能,好自为之吧。

话说畠山政长接了那支箭后,长叹一声,召集了几个最心腹的部下郎党,先是一番畅饮,把那桶酒给喝光了,然后,放了一把火,烧了自己的大本营。最后,逃跑。逃跑的目的地是细川胜元的家里,畠山政长请求对方看在自己多年紧随左右的分上拉一把,救一条命。

虽然足利义政有言在先,说谁也不许插手他们家的私斗,但细川胜元最终还是收留了畠山政长,把他安置在了自己家。不仅如此,他还告诉畠山政长,留得青山在不怕没柴烧。潜台词就是有我在,我帮你。

没过多久,细川胜元窝藏畠山政长以及插手干涉畠山家私斗的事情便被传遍了街头巷尾。最恼火的当然首先是畠山义就,其次是山名宗全。

畠山义就肯定是火大，这个不多说了，而山名宗全不爽的对象只有细川胜元一个，原因自然是明明说好了大家谁都不帮谁，结果你背信弃义暗地里救了畠山政长的狗命，而且现在甚至还打算帮着他反攻倒算。这世间谁都知道，畠山政长是你罩着没错，但畠山义就的后台可是自己！如今你细川胜元既然打算帮着畠山政长打畠山义就，实际上就是在打我山名宗全，简直不能忍。

山名宗全当下就取来纸笔，开始写信，收信对象是日本各地跟他交好的诸侯，也就是我们之前说过的大名——一群拥有大量土地的大地主们。当时日本有大名好几十个，其中半数与山名家来往密切，剩下的一半基本都是细川胜元的好朋友。

也就是说，在山名宗全写信的时候，早就料到了他会来这一手的细川胜元也没有闲着，而是也在做着和他相同的事情。找朋友活动一直持续到了五月，双方都聚集了一帮好兄弟，大家闲着也是闲着，决定各自操家伙来一场会战。

五月二十日，双方首领各自就位。其中，细川胜元因为站在足利义视这边，自然也就得了将军足利义政的信任，足利义政特地把自己住的花之御所给腾了出来，将其作为细川军的大本营。而山名宗全就没那么好的待遇了，他的大本营只能安在自己家里，离开花之御所远倒是不远，走过去也就几百米。大家都是黄金地段。

细川在东，山名在西，所以前者人称东军，后者被称之为西军。东军总人数十六万，西军总人数十一万。谁也不知道这将近总共三十万人一旦开打会是什么后果，可能大家都知道，但都无所谓。

五月二十一日，细川胜元从足利义政处得到手谕，说是"宁可毁灭全京都，也要赶走山名家"。手里等于有了一把尚方宝剑的他，当即把总大将的位置让给了足利义视，以求更加名正言顺，同时，细川胜元自己则带着人马离开御所，在京都的相国寺安营扎寨，并且下令在京都放火，算是宣战了。

二十二日，这一天，京都的居民们普遍都起得很早，因为冲天的火光跟哭喊声让人根本无法安睡。也就是在这一天，西军大名大内政弘率军赶到京都，跟东军交上了火。大内政弘当时人称山阳之雄，算是当世名将，他一出手，自然就是大手笔。

就这样，双方一连恶战数日，所到之处无不破墙烧房，砍杀劫掠，几乎在刹那间，整个京都就被毁了一大半。

因为公元1467年是日本的应仁元年，因此这场由两家私斗而引发至三十万人大战的动乱也被称之为应仁之乱。这也标志着日本战国时代拉开了序幕。

战国时代可以说是日本史上最乱的时代，没有之一。即便是京都这块宝地，也没能逃脱战火的肆虐。

话说日本室町时代有个很著名的画家，叫雪舟。他在应仁元年（1467年）三月搭船从博多去了一趟中国宁波，两年之后回到京都，发现自己都不认得这个地方了，连自己家都找不到了，因为整个城市基本都被战火烧毁了。

雪舟其实也算是一休的相识，对于朋友的遭遇，老和尚表示了深切的同情。

他的情况要好一些，因为自己的酬恩庵在京都比较乡下的地方，战火尚且未曾殃及。

不过影响肯定还是有的，比如文明六年（1474年），已经81岁高龄的一休被朝廷任命为大德寺住持——这属于临危受命，因为当时大德寺已经被战火毁得差不多了，之所以让一休做住持，是因为朝廷觉得他跟商业界比较熟，能为大德寺重建拉来赞助。

尽管已经身居要职且年事已高，但一休还是选择了白天去大德寺上班晚上回到酬恩庵过日子，因为在那里不但有相亲的弟子和村民们，还有相爱的女人。

她叫森女，是一个游走四方以卖唱为业的盲女。

且说应仁之乱后，因为京都变得非常不太平，所以一休率弟子去了奈良避风头，在那里，他第一次见到了卖唱路过的森女，然后为其所吸引。尽管那只是一次邂逅，但森女的美貌以及动听的歌声都在一休的心上烙下了深深的印记。他还在自己的诗集中将其比为如杨贵妃一般宛若天仙的女人。

而森女也被这位机智幽默，尽管有着象征日本宗教最高地位的紫衣袈裟却可以很坦然地和任何一个人亲切交谈的老和尚给迷住了，两人就这么好上了。

不过，邂逅终究还是邂逅，萍水相逢过后，森女还是踏上了她游唱的路途，而一休还是留在了奈良避难。

或许是命中注定的缘分，在六年后的文明二年（1470年），两人居然在京都的酬恩庵门前重逢了。这一次，他们再也没有分开，那年，一休77岁，森女27岁。

真正的爱情是没有年龄隔阂的，这话搁在一休身上我信。

两人在一起幸福地度过了11年，文明十三年（1481年），88岁高龄的一休得了疟疾然后一病不起。就这样，否定一切权威，对任何人都毫不畏惧却也不仗势欺压，放荡不羁，永远站在弱者一方的一休，于当年十一月二十一日在酬恩庵去世。

这一节的最后，就用他的辞世诗来结尾吧。

"朦朦三十年，淡淡三十年，朦朦淡淡六十年，末期粪土暴晒敬梵天。"

"作乐昨日道借用，今月今日道奉还，借时为五还时四，本来无一物，空道莫须有。"

这是一个容不得半点虚伪，拥有一颗纯洁、真诚的心的人，

151

他一生都活在自己的信念之中,从来没有向世俗的虚伪低过头,也不曾失去过真正的自我,或许,只有这样的家伙,才是真正值得世人仰慕、尊敬的自由人吧。

# 第十章 北条早云

## ● 为什么会有战国？

之前我们花了一整章说了一休和尚，然后用了一小节讲了一下战国时代的开端，即应仁之乱。

应该讲，日本的战国时代，属于一场自上而下的动乱。然后比较尴尬的是，这场动乱对于上层来讲，其实影响并不大——这里的上，指的是室町幕府核心层。

可能有人就会说，怎么可能对幕府没影响？这分明就是幕府将军一手挑起，而且事出原因根本就是幕府继承权啊。对，这个说法是没有错的，就是幕府挑起来的，就是围绕着将军继承权展开的，但就是没有什么影响。

细川胜元跟山名宗全这两家的仇恨由来已久了，对于他们来讲，所谓将军继承权也好，将军本人煽风点火也罢，就是一个借口，一个可以让他们光明正大教训对方的借口。然后结果就是谁也没能够真的教训了谁。

文明四年（1472年），打了5年的东西两拨人可能是觉得打累了，于是坐下来开始谈判。第二年（1473年）三月，山名宗全去世，然后五月，细川胜元去世。虽然此时此刻两拨人还在零星碎散地继续小打小闹，但很明显，3个月内两个最大当事人的先后去世，让双方和谈事业有了一个很大进展的机会。

然后在十二月，足利义政最终还是将将军的位置传给了自己的儿子足利义尚，这一年，新将军只有9岁。说白了就是，室町幕府的将军，作为一个本该掌控全国局势的存在，现如今显然已经丧失了本该有的掌控力。

所以东西两拨人又一口气打了5年。到了日本文明九年，也就是公元1477年，和谈终于成功了。长达十年的应仁之乱，此时因为日本已经进入了文明年，所以已经被改名，也被叫作应仁文明之乱，这场动乱也总算是结束了。

尽管所有人都觉得乱世就此终结了，但却不曾料到，这只是刚刚开始。

应仁文明之乱后，全日本开始逐渐以分国为单位，在各路诸侯的带领下，互相之间为了土地、权力，不惜用尽一切手段，尔虞我诈你来我往地互相开战，打胜的占了对方的地盘，打输的要么投降要么死。

而战国时代出现的根本原因，是土地。

日本土地制度的变化过程我们已经说过了，无非就是国家允许私人垦田以及私人拥有土地，而私人拥有了土地之后为了保护自己的财产则雇佣了武装力量充当打手。

可是随着历史的前进，日子一长，这打手多了，要吃饭的人自然也就多了，于是饭也就显得不够吃了。

要吃饭，那就得多种庄稼，而种庄稼得要土地，获得土地的方法大致有两种：第一是开发新的，第二是抢别人开发好的。

由于自打朝廷制定了那条谁开发就归谁的政策，日本国内土地被疯狂地充分开发，所以要想找到一两块没被开发过的地是比较困难的事情，故而办法只有一条：去抢。

抢谁？这年头谁都有打手，你家打手30个，隔壁太郎28个，你跟他一阵乱打之后，他死20个你还剩10个，回去接着看家都嫌人手紧张，还抢个屁。

显然，各领主之间互抢那肯定是一种高成本的行为，所以至少在一开始的时候并没有被大伙所采用，之前所说的那种父子相残兄弟互杀的惨象，是战国中后期战事进入白热状态后才有的特色。在战国初期，众领主那冒着绿光的狼眼，看中的是国司。

所谓国司，前面说过，就是由中央政府直接任命去地方上任管辖的地方官，说白了就是这帮领主们的上司。他们也被称之为守护大名，一国一个，尾张国的叫尾张守，美浓国的叫美浓守，守护之下，设副官三职，分别叫作"介""尉"和"曹"。

比如尾张国，最大的叫尾张守，而次官则叫作尾张介，再次的叫尾张尉，最次的叫尾张曹。

顺便一说，后来日本军队的军官职位，也大致沿用这种名称次序。将军之下，叫佐，比如大佐、中佐之类，这个佐的发音是跟介相同的；佐之下，叫尉，即大尉、上尉什么的，最基层的军官，叫曹，比如军曹、曹长。

之所以要抢国司，理由也很简单：首先，他们的手里有土地，而且是中央直接划拨的上好土地，粮食产量很高；其次，他们很弱。要知道，众开发领主们为了保护自家领地都有武士，并且无时无刻不死命地训练部队然后盯着别人，生怕哪天人家来打自己。拥有这种警惕性，怎么可能被轻易地夺走资产？反倒是那些中央过来的地方大员，心存无比的优越感，总觉得自己是上头来的没人敢把自己怎么样，而手底下的士兵也是疏于锻炼松散不堪，这样的人不抢他抢谁啊。

　　下面的开发领主赶走中央派遣的地方官，然后自己一跃成为一国诸侯，专业名词叫"战国大名"，这种行为叫作"以下克上"。克完了上之后大家发现土地依然不够，于是也顾不得别人的警惕性了，领主或者说大名之间互相为了兼并土地而开了打，从小规模的冲突发展到大规模的战争，这种情况日益频繁，最终进入了一个大打三六九，小打天天有的时代，便是"战国时代"。

　　事实上，战国时代的本质，说穿了就是新兴地主与老地主之间就土地所有权问题而引发的战乱岁月。

　　除此之外，室町幕府本身的分封制度也很成问题，比较关键的一个，叫"守护代"。

　　所谓守护代就是"代替守护大名行使权力"之人，说白了就是一个辅佐副手。因为很多守护大名都有两个以上的领国，同时也有很多大名尽管领国只有一个，可他不愿意干活，于是每逢这样的情况，国中的大小事务包括大小权力，便实实在在地被掌握在了那些个"守护代"的手里。

　　而应仁文明这么一乱，大名们内部的各种弱点和问题也都暴露无遗，相信守护代们也一定都把这一切给看在眼里。

　　若是真的乱到了一定的程度，那么一定会出现一种独特的景象，那就是积攒了足够力量的下层站起来推翻几乎已经腐朽不堪了的上层。

　　这所谓的"下层"，未必全都指的是农民百姓，很有可能就是那些守护代。

　　土地所有的矛盾，分封制产生的问题，两者一相加，天下大乱。

## ●大器晚成

延德三年（1491年）四月，日本关东地区发生了一件事情：坐拥伊豆的堀越公方足利政知死了。

说起堀越公方，则有一个名词不得不提，那便是镰仓公方。

所谓镰仓公方，是当年室町幕府的初代将军足利尊氏所设立的职务，旨在更好地统治关东地区，所以也叫关东将军。

第一任镰仓公方叫足利基氏，是尊氏的次男。此后，基氏这一支便代代都担任着关东将军的职务。

随着时间的流逝，镰仓公方的权力也变得越来越大。原本只是代替幕府管辖或者说监视关东，但后来则慢慢地变成了控制关东，而且势力范围也不断扩大。到了第六代将军足利义教那会儿，所谓的关东将军，实际上不但掌控了关东，甚至连伊豆和甲斐也都成了他们的地盘。

这样一来，他们便有了能跟室町幕府分庭抗礼的实力，并且非常意料之内地翻了脸。

在足利义教当将军的那年，天皇将年号从正长改为永享，但镰仓那边却拒不从命，仍然用原来的年号。

这样一来不但显得镰仓那边格格不入，而且还给人一种不服从中央的感觉。事实上当时的第四代镰仓公方足利氏持也正有此意，打算引领关东诸侯，跟幕府平分天下。

但事情并没有他想的那么顺利。

尽管关东的诸侯们名义上得听镰仓公方的，可这也仅仅是名义上，更何况现在镰仓那边要他们跟着一块儿造反，这种要掉脑袋的勾当，怎么着也不会得到百分百的响应。

其中头一个反对的，叫上杉宪实，时任关东管领。

实际上,早在足利尊氏设立镰仓公方的那会儿,他便已经料到了会有不肖子孙捣乱,所以还同时增添了一个辅佐职,其实也是监视职务,那便是关东管领。

要说这个上杉宪实还真是尽心尽责,足利氏持才有点要造反的苗子,他就给幕府那边打了小报告。氏持见状,生怕后下手遭殃,于是便扯起大旗,兴兵造反了起来。

得到消息之后的幕府连忙派兵镇压,经过数年苦战,最终在永享十一年(1439年)二月十一日的时候,足利氏持的大本营被攻下,他本人也不得已自尽而亡。

氏持死后,留下了四个儿子,前面三个被如数杀死,最小的那个是足利成氏,因为时年不过一岁,太小了,所以幕府没忍心下手,给了他一条生路。

这个足利成氏后来在古河(茨城县内)擅自造了个公馆,又擅自要继承镰仓公方的名号,只不过这时候镰仓早就跟他无缘了,于是只能退一步自称古河公方。

另一方面,因为足利氏持全家死的死逃的逃,所以幕府打算在族中再找一个人出来,让他继承镰仓公方的名号。

找来找去,找到了足利义教的儿子足利政知。

只是这足利政知也不知怎么搞的,死活不肯上镰仓,似乎是觉得那里不吉利。最终虽然走马上任了,可只是住在了伊豆堀越的一个公馆里,于是便称之为堀越公方。

现在这个堀越公方死了,留下了四个儿子:嫡长子足利茶茶丸,年14岁;次子足利义澄,年12岁;三子小田政治,年8岁;幼子足利润童子,年6岁。

其中小田政治一看那姓就知道,已经被过继给了关东豪族小田家当养子;而足利义澄此时也已经被第八代将军足利义政收为养子；剩下留在政知身边的，只有茶茶丸和润童子了。

润童子的母亲叫圆满院，是义政的宠妾。

而茶茶丸这会儿正在坐牢。

这孩子虽然年纪不大，但极具破坏力，整天捣蛋，非常讨人嫌。本来足利政知就有点儿不怎么待见他，再加上圆满院在背后不停地吹着枕边风，终于有一天，在茶茶丸闹腾完之后，被他爹给关进了牢房。紧接着，茶茶丸连继承人的地位都被剥夺了——政知宣布，第二代堀越公方，将是润童子。

可让人万万没有想到的是，在政知死后没几天，那茶茶丸居然从牢里逃了出来。

逃出来的方法至今无人知道，据说是从心腹那里弄了一把刀然后杀了看守。总之，是逃了出来。

恢复了自由之后的茶茶丸以最快的速度带着人马冲进了堀越公馆，全然没有防备的那娘儿俩于是便非常不幸地成为了刀俎上的鱼肉——双双被砍死。

之后，足利茶茶丸便成为了正式的第二代堀越公方。因为他本来就是嫡子，所以也得到了幕府方面的认可。

只是，这事儿到此还不算完。

茶茶丸这个人，有一句话估计就是专门用来形容他的，叫烂泥扶不上墙。在当上堀越将军之后，他却依然如之前那般顽劣，而且还变本加厉了起来。不过十四五岁的光景，却已然成为了一个心狠手辣的暴君，不仅肆意斩杀手下重臣，而且还用相当重的税赋来压榨领民。

这对于伊豆的民众而言显然是一场不折不扣的灾难，但对于有的人来讲，却是一个机会。

有的人，我指的是当时骏河（静冈县）诸侯今川家的兴国寺

159

城城主伊势新九郎盛时。

如果是粗略读过日本史，可能对这个名字比较陌生，但即便只是粗略读过日本史，也多半会听过另一个名字——北条早云。

伊势新九郎盛时，就是后来的北条早云。

他很敏锐地感觉到，自己捞一票的机会又来了。

之所以说是"又"，是因为他本是第八代将军足利义政身边的侧近家臣。虽说是战斗在领导身边的一线工作岗位上，但当时室町幕府早已风雨飘摇，你别说在将军身边工作，就算是将军本人，其实也没啥特别厉害的。

本来伊势新九郎自己都觉得自己大概就会这么平平淡淡地过一生，结果机会来了——他有个妹妹叫北川，嫁给了今川家的当主今川义忠。然后在文明八年（1476年）的时候，今川义忠死在了战场上，虽说是留下了个儿子叫龙王丸，但当年只有3岁，所以别说今川家的基业了，就连龙王丸和他母亲北川夫人的性命，都在一群心怀叵测之辈的虎视眈眈下岌岌可危。

就在这危急关头，伊势新九郎应妹妹之邀，从京都来到骏河，快刀斩乱麻地平定了今川家中的各种危机，辅助外甥顺利继承了今川义忠的基业，因此功劳，被赏赐了一座城。

现在，机会又来了。

不过，机会虽然难得，但也有美中不足的地方——这一年，伊势新九郎已经61岁了。

从一介将军身边的小武士，一路摸爬滚打到一城之主，他整整花了二十年的时间，在人均寿命不过五十来岁的战国时代，这个大器晚成的家伙还能走多远？

伊势新九郎做的第一步，是把手下家臣叫来，让他们去伊豆散播各种流言。主要内容是伊势新九郎的各种英明伟大，比如新九郎大人文武两道，仁义贯天下之类。

同时，以伊势家的名义，时不时地给伊豆当地的老百姓种种好处，像钱或是粮食什么的。很快，在伊豆民众的心目中，新九郎便有了一副宛如神佛一般照耀四大州的形象了。

最后要做的宣传工作，则是告诉伊豆人："只要把堀越公方给赶走，那么大家就能天天在伊势新九郎殿下的管理下生活了。"

做完了这第一步，接下来的第二步，自然便是真刀真枪地上了。

其实这个也不难，当时伊豆国内可谓是空空如也，因为负责那里军事防御的关东管领上杉氏正处在一个内斗的状态。上杉氏分成了扇谷上杉和山内上杉，无论是哪家都把自己的绝大多数兵力腾出来对战，像伊豆这种战略价值并不算特别高的地方，几乎是不设防的。说难听点，伊豆那里基本没有武士，只有老百姓。

明应二年（1493年）十月十一日，伊势新九郎向今川氏借了四五千人马，然后没有任何前兆地杀进了伊豆。

大军几乎没有碰到任何抵抗，便在当天下午杀到了堀越馆的大门口，也就是茶茶丸的居所。

事情能进行得那么顺利主要是因为两点：第一是新九郎大军来得太突然，伊豆仅有的士兵们根本无法作出反应；其二是当地老百姓一听说伊势大人的军队来了，不但不躲着走，反而还纷纷跑出来带路。要说还真是多亏了他们，新九郎才能抄着最近的小道儿，以最快的速度来到了敌军大本营前。

茶茶丸这一年14岁，血气方刚地带着几百人杀了出来。

几百人对几千人，而且又是这么个小孩子带队，当然不可能有一丝半毫的胜算。

很快，茶茶丸的军队便被打得七零八落，而他本人也不得不退了回去。

大概在太阳快要落山的时候，伊势新九郎下达了总攻令。

结果毫无悬念，茶茶丸大败，拼死才杀出了一条血路，勉强捡了一条性命逃走了。

伊豆就此落入了新九郎的手中，趁着这个机会，他也脱离了今川家，正式成为了统领一国的诸侯。

## ●窃钩者诛，窃国者侯

话说在拿下伊豆之后的某天晚上，伊势新九郎做了一个很奇怪的梦。

在梦里，他看到了一只老鼠和两棵杉树，然后老鼠挨着个儿地把这两棵树全都给啃了。眼看着老鼠吃饱了肚子，突然就摇身一变，成了一只花斑猛虎，耀武扬威地仰天长啸了一回，当下就把新九郎给吓醒了。

年初二一早，他便让人把伊豆最有名的算命先生给找了来，让他给自己解解这个梦。

那位先生听完之后，先是问了一句："伊势大人是哪一年生的？"

"永享四年（1432年）。"

他掐着手指仔细盘算了一番，然后猛地就往下扑通一跪："恭喜大人，贺喜大人！"

新九郎说你解梦就解梦，别咋咋呼呼的。

"大人，您是子年出生的，生肖是老鼠吧？"

新九郎点点头，说没错，我就属老鼠。

"那就对了。"算命先生连连点头，"大人梦中的那只老鼠，就是大人自己，而那两棵杉树，指的是眼下关东的山内上杉家和扇谷上杉家。老鼠啃杉树，则是大人吞并了关东两上杉的意思。至于最后老鼠变虎，当然说的是，大人在消灭了两家上杉之后，一跃成为了关东的王者。"

伊势新九郎听完，虽说是挺高兴的，但也有一丝疑惑：毕竟是关东上杉家，岂是说啃就能啃得动的？

关东管领代代由上杉家担任，在那个时代，这已经是一个世人皆知的常识了。

同样众所周知的是，这上杉家其实分为两股人，一股叫山内上杉家，另一股叫扇谷上杉家。虽然从血缘上来讲他们都是亲人，但从政治上来看，他们却是仇敌。

这里面的理由就不必多说了，但凡是个人就能明白：关东管领的位子只有一个，而上杉氏却有两家，不打起来才怪。

这两家从文明八年（1476年）的时候就开始闹腾，将近二十年都没能有个完。本来一直是山内上杉家占据绝对优势的，可后来因为扇谷上杉家出了个人才，几乎在一瞬间就把形势给逆转了，这个人才就是太田道灌。

太田道灌，战国初期名将。他最有名的事情是筑了一座城，就是现在亚洲最大都市东京的雏形——江户城。

虽然这家伙后来被上杉定正给搞死了，但因为他当年的努力成果，使得扇谷上杉家实力非常雄厚。根据饭要一口一口吃事要一件一件办的原则，伊势新九郎决定，先联合扇谷上杉家，把山内上杉家给摁下去再说。

其实这个想法在他脑海里已经盘旋很久了，甚至还一度跟上杉定正互相交流过，对方对此也非常赞同，只不过非常不幸的是，哥们儿在明应三年（1494年）的十月初，突然就死掉了。

死因是毫无征兆的落马，据坊间传闻是由于太田道灌显灵所造成的。

定正的继承人是他的养子上杉朝良。这人上任家督没几天就被内山上杉家的家督，关东管领上杉显定打得满地找牙。因为太田道灌已死，所以他根本就没人依靠，只得派人来找伊势新九郎求救，说是不是看在你和我爹的交情上，拉晚辈一把？

新九郎对着使者点点头，然后表示，在下可以把小田原城给拿下，以减轻上杉大人的压力。

小田原城位于相模国（神奈川县），就算称之为相模的首府也不为过。此城建于平安时代末期，历经数百年，现在正由大森家族统辖。

大森家的前任当主叫大森氏赖，是个很厉害的人。他本是扇谷上杉家的猛将，但后来倒戈了，连人带城投了山内上杉家。

他在当小田原城城主的时候，伊势新九郎曾经数度写信于他，想要两家交好，可每次长篇大论满腔真情的厚厚一沓信纸送过去，换回来的只有一个短短的口信：滚。

有时候也会是"下次别再写信了""老子不想跟你这种人混一块儿"之类的话。

估计氏赖长期以来一直把伊势家当成了对小田原城虎视眈眈的危险分子。

虽然新九郎确实有这打算。

如果他还活着，那伊势家估计这辈子是别想打小田原城的主意了。

好在明应三年（1494年）的夏天，哥们儿因病医治无效而与世长辞了，家督之位传给了他儿子大森藤赖。

据说在临死前，氏赖把儿子和手底下全体重臣都叫到了自己的榻前，然后拼尽最后的力气，说道："伊势新九郎乃窃国之辈，这厮专门盗他人之国，比山贼土匪更为可怕，你们切不可不防。"

不过继承人大森藤赖跟他爹不一样，是个没什么用的愚钝之人。所以氏赖死后的第二天，新九郎便派出了专门的悼念团前往小田原拜访。

俗话说"伸手不打笑脸人，开口不骂送礼人"，送葬的其实也一样。尽管心里面有千百个不愿意，但大森藤赖来还是带着手下诸家臣礼节性地接待了悼念团。

悼念团一行刚看到大森藤赖的那张脸，眼泪就集体齐刷刷地流了下来："令尊生前勇武，世人皆知，无论是我家大人还是大小家臣，莫不是对他敬佩有加，如今竟然撒手人寰，这怎叫人不痛心疾首！"

大森藤赖本来就好骗，再加上又处于丧父之痛，判断力几乎可以忽略不计，所以当场就被伊势家众家臣那副仿佛死的是自己亲爹的模样给打动了，连忙又是给大家拿绸面坐垫又是上一品好茶，俨然已经把悼念团当成了贵客。

这次外交行动非常成功，尽管尚且还不能认为大森藤赖已完全相信伊势新九郎，但至少，他已经不再像他爹那样，如防贼一般的防着伊势新九郎了。

在之后的日子里，新九郎如同当年伺候将军一样伺候着这位大森藤赖：知道他喜欢奇珍异宝，于是隔三差五地派人上京都采购；又知道他喜欢美酒，便专门在伊豆弄了几个酒作坊，用最好的水和米给他酿酒。

藤赖当然很高兴，再加上每次伊势家的使者总是以近乎低声下气地方式把各种礼物双手捧在他跟前，然后口称："这是我家伊势盛时大人奉上的。"这就愈发让他相信，伊势新九郎是他的朋友，绝非敌人，更不是什么贼。

同时得到打点的还有小田原城里的各家臣。新九郎把几乎每一个大森家重臣的爱好都调查了个遍，然后再投其所好，送其所要。久而久之，就算是原先和大森氏赖一样把他当贼防的家伙，也消除了戒备心。

而大森藤赖更是高兴得忘乎所以，甚至让使者转告伊势新九郎，说欢迎有空的时候来小田原城里做客，他要专门准备最上等的筵席来款待伊势新九郎。

但每次新九郎的回答都是五个字：谢谢，下次吧。

但大森藤赖却只当对方是客气，在收礼收了好几个月之后，他终于有一天对使者说道："我想吃一些野味，不知伊势大人有没有手段弄到？"

当伊势新九郎听到这话之后，知道机会来了。

伊豆山林众多，猎户也不少，无论是射鸟打鹿还是捕获野猪都不成问题。

那天之后，大森藤赖基本上每隔几天就能吃上一次从伊豆送来的新鲜猎物。

他自然非常高兴，还专门派使者前去答谢。对此，新九郎只是表达了自己的歉意。

使者很奇怪，问为何要道歉。

"在打猎的时候，我方的士兵和猎户经常会越过边界，进入相模国境，这实在是不得已而为之，毕竟这动物它会跑，还烦劳您转告大森殿下一声，我们绝非有意要这么做。"

大森藤赖听后非常感动，连连夸赞伊势新九郎是一个忠厚之人。

明应四年（1495年）刚开春的时候，新九郎派人再度出使了一次小田原城。

但这次却连大森藤赖的面都没见着。

事情的经过如下：

使者被大森家的家臣给挡在了门口，然后对方问他有什么事情没有，有的话先说，然后由他转告藤赖，再决定是不是需要面对面商讨。

使者说，现在已经春天了，我们伊豆的农民要春耕了，只是连日来不知为何出现了无数野鹿，破坏田地不说还影响播种，所以必须进行大规模的围捕狩猎。在此过程中，如果有不慎发生了带家伙的猎人进入相模国境内的事情，还望大森家多多海涵，事后我们一定会奉上猎物作为赔偿。

大森藤赖的回答是悉听尊便，回去告诉伊势大人，尽管抓他的野鹿，我就不留你吃饭了。

二月十三日，伊势新九郎点起士兵五百人，前往箱根山内的芦湖扎营。

与此同时，伊势家的家臣荒木兵库和山中才四郎也带着他们准备好的秘密武器——水牛一千头，朝着相模国境内进发了。最终，这群人和那群牛会合在了一起，且于小田原城附近的石垣山中埋伏了起来。

十五日深夜，新九郎下达了进攻指令。

士兵们先是在水牛的角上绑起了火把，接着又把牛尾巴浸泡在了燃油里，最后，他们将牛尾给点燃了。

人的屁股如果突然着了火，那么他一定会往前死命地冲，牛也一样。

一千头前后都带着熊熊烈火的水牛，笔直地朝着小田原城方向冲了过去。就在此时，山中才四郎带着另一群士兵，在小田原城的周围放起火来，很快，整座小田原城便被火光给包围了。

此时城里的大多数士兵都正在睡觉，即便有几个站在城上巡夜放哨的，也早被这种景象给吓傻了。一千头疯狂的水牛四处乱撞，很快就把城门给顶破了，五百士兵则跟在牛的后面趁势掩杀了进去。

接下来的事情没有了任何悬念。在睡梦中被惊醒的大森藤赖早就失去了抵抗的能力和意志，甚至连站都站不稳了。根据事后俘虏的交代，当时的藤赖是被几个贴身的家臣给架着，逃出了城去的。

这场史称小田原攻略战的战斗，不光震动了整个关东，同时也深深地得罪了山内上杉家。

但当时的伊势新九郎根本就毫无惧意，总觉得自太田道灌死后，关东的诸侯全都是一群废物，整体实力跟大森家的那个傻儿子差不多。

很快，他就知道自己想错了。

## ●相模拉锯战

在拿下小田原之后，大森家的势力迅速衰退，使得伊势新九郎没花多少力气就拿下了大半个相模。和伊豆相比，那里的土地肥沃，人口也多，堪称是一块宝地，而且小田原城也要比他之前住的伊豆菲山城要来得墙厚楼高。

但他还是选择回到了伊豆，理由是住惯了那里，不想挪了。至于小田原，则交给了弟弟伊势弥次郎代管。

弥次郎堪称是新九郎的左臂右膀，虽然打仗不怎么行，但要说起搞内政，恐怕家中除了兄长之外无人能和他相提并论。

新九郎临走前，弥次郎问哥哥，如果山内上杉来攻怎么办？

新九郎回答，到时候你让扇谷上杉来救就行了。顺便再联系我，我也会来帮你的，不用怕。

又说，如果真有那一天，你只要据城而守就行了，小田原城墙厚，打不破，千万不要脑袋一热冲出去厮杀。

弥次郎是个听话的孩子，点了点头，表示自己知道，但脸上还是有些忧愁。

新九郎宽慰弟弟说放心吧，上杉家那帮孙子，哪有那个胆啊。

结果这话说完才过了一年多，明应五年（1496年）的时候，上杉显定便率大军反扑了过来，攻入相模西部，直逼小田原城下。

望着跟前黑压压的一片，血气方刚的弥次郎再也忍不住了。

当下他就带着一队人马冲出了城去。

然后战死在了乱军之中。

噩耗传来，伊势新九郎哭都没来得及哭，便带着部队往小田原城去了，想趁着城池还没被攻下的当儿再抢救一把。

在付出了数百伤亡之后，他终于将上杉显定给勉强击退，总算是保住了小田原城。

经过这场苦战之后，新九郎陷入了深深的自省之中，并且得出了一个结论：自己很弱。

他现在勉强算是一介诸侯，但是一个非常非常弱的诸侯。没什么实力，更也没什么潜力，毕竟都要快七十了。

自己之所以能够夺取伊豆一国和半个相模国，并非是实力强劲的缘故，其实只不过是因为关东局势混乱，各种势力林立，趁着这些人因乱斗而产生的间隙，这才钻空子成功来着。如若不然，至今估计还只是一个小小的兴国寺城城主。

伊势新九郎曾经一度以为无论是山内上杉还是扇谷上杉都不是他的对手，都只不过是让他随便啃着玩儿的两棵杉树，现在看来真是一个天大的错误。

综上所述，目前要做的，就是专心巩固西相模的防御措施与强化统治权。而且要击败两家上杉，还是得要从两上杉之间的矛盾与冲突下手才可。

简单来讲，也就四个字：休养生息。

于是，伊势新九郎开始频频向扇谷上杉家的当主上杉朝良示好，并将几乎全部的精力都投入在了维持领土内的稳定和周边关系上面。

这样平静的日子一过就是十来年。

永正元年（1504年），山内家的上杉显定突然发兵攻向扇谷的上杉朝良，一路上势如破竹，如入无人之境，直逼扇谷上杉家大本营——位于武藏国（琦玉县）的河越城。

上杉朝良被吓坏了，长那么大他就没见过这阵势。

他想来想去也没其他的办法，只能派个不怕死的，冲出包围，跑到了伊豆的菲山城，找伊势新九郎求援来了。

新九郎出兵救他这是必需的，不然朝良那倒霉孩子要真被吞了，以后上杉显定一家独大，那自己的日子还怎么过。

只是新九郎知道自己实力不济，真要硬救也未必能救得下来，不得已，只得派了一人，跑了一趟骏河，去找外甥今川氏亲，想让他也参一脚。

今川氏亲的回信让人感到非常高兴，不光是因为他同意了和舅舅共同作战，更因为在那封信上，他对伊势新九郎的称呼已经不再是以前的"亲爱的舅舅"，而是"伊势屋形样"。

屋形样，是那个时代对大名的专用敬称。这表明，在今川氏亲看来，伊势新九郎盛时已经不再只是他手下的一介城主了，而是跟他地位相当平起平坐的堂堂一路诸侯。

九月二十七日，舅甥二人共同御兵一万来人赶到了河越城边，准备给上杉朝良解围，而另一边的上杉显定一看来了援军，便兵分两股，一股继续看着河越城，一股则朝着新九郎他们奔袭而来。

应该说这是一场没什么太大悬念的战争——上杉显定本来就因分兵而失去了人数上的优势，再加上他又不是什么能征善战之辈，所以可以讲是基本没有胜算。

当天下午两军相遇，太阳还没完全落山显定就被打得满世界乱窜。

伊势新九郎摇了摇头，看着夕阳长叹一声：真不经打。

边上坐着他儿子伊势氏纲，很由衷地敬佩道，爹你真厉害。

这一年氏纲十七岁，贴身跟着父亲以学习作战经验。

差不多就在此时，上杉显定的援军也到了。

领兵大将是越后（新泻县）守护代长尾能景。

越后一国的守护大名叫上杉房能，是山内上杉的一族，其实上杉显定早就料到伊势家会来救朝良，于是他也提前派人到越后，做好了应援的准备。

长尾能景来得突然，谁也没料到，故而新九郎和今川氏亲的阵势一下子就乱了。他们只能勉强抵挡，且战且走，好在城里的上杉朝良还不算太不是东西，看到盟友有难，也打开城门杀了出来，三方人马这才勉强稳住了阵脚。

这场战斗双方总共投入了两万人的兵力，阵亡人数超过两千，据说是自应仁之乱以来，关东地区死人死得最多的一场恶斗。

恶斗的结果是没有结果：上杉显定没法消灭上杉朝良，上杉朝良虽处于弱势但依然能够自保。所以大家都想开了，干脆和谈吧，从今往后太太平平地各自过各自的小日子，谁也不惹谁。

至于到底由哪家来担任关东管领，这一茬儿以后再说，先顾着眼前。

只是这样一来,向来指望着山内扇谷两家没事儿出点乱子好渔翁得利的伊势新九郎就觉得心头一紧了。

虽然朝良跟他关系依旧如故,但没有了心腹之患的上杉显定,则开始一门心思地将工作重心转向了西相模和伊豆。

就在新九郎绞尽脑汁想着怎么跟上杉显定死磕的当儿,北面发生了一件大快他心的事情。

永正三年(1506年),之前跟伊势家在河越城前交过手的那位长尾能景战死,年仅17岁的儿子长尾为景接替他成为了越后的守护代。

这小子子承父业的第二年,便把守护大名上杉房能给捅了,随后以迅雷般的速度夺取了整个越后国。

早先就说过,因为守护大名的弱势,势必会引起守护代的以下犯上。

虽说上杉为景在越后撒野没人敢管,但终究还是惹怒了一个人,那就是跟上杉房能同为一族的上杉显定。他发誓要在有生之年踏平越后,为亲戚报仇。

敌人的敌人就是朋友。当年夏天,伊势新九郎写了一封信送去越后,表示想跟长尾为景结盟,共同牵制山内上杉家。

他非常豪爽地答应了。

就当伊势新九郎以为自己可以放开手脚攻略关东的时候,一件让人始料不及的事情发生了。

永正七年(1510年)六月,一个叫上田政盛的人主动联系了他。

他是扇谷上杉家的城主,领地是权现山城。

上田政盛联系新九郎的目的只有一个,那就是想背弃扇谷家,投靠伊势家。

理由是怨恨。

话说这人其实本来是山内上杉家的,后来转投了扇谷家,但没想到的是,扇谷家并不待见他,甚至还没收了他一部分的领地。

上田政盛的恼火程度可想而知,只是再投回山内上杉似乎也是拉不下这个脸面,要在扇谷家再继续待下去心态上又过不去,于是想了半天,找到了伊势家。

新九郎觉得,有赚不赚王八蛋。

结果就在上田政盛宣布改旗易帜的第二天,上杉朝良便表现出了一种从未有过的愤怒:他点起大军,浩浩荡荡地就朝着小田原方向杀来了。

同时跟着一块儿来的还有上杉显定的养子上杉宪房,看架势这两家是打算联手把伊势家消灭了。

上杉军先是猛攻了一番权现山城,因为人多势猛,所以等伊势家援军赶到的时候,城池早已被拿下了。

但他们意犹未尽,一看到有援军来,便又一股脑儿地杀了过去,把伊势军也给揍了一顿。

同年九月,上杉朝良又拿下了伊势家在西相模的重要据点鸭泽。

事已至此,唯有认怂这一条路可走了。

新九郎派人带着厚礼来到了河越城,先是对自己进行了一番彻骨的自我批评,接着再是一套铭心的忏悔,最后是一阵猛磕头。就这样,上杉朝良总算是很大度地表示,只要以后不再干这种事情,这次就既往不咎了。

对此新九郎连连点头称是。

人为刀俎,我为鱼肉,不答应也不行啊。

至于这种事以后是不是还要干,那答案自然是肯定的。

173

当然，得看时机。

虽然这一年新九郎已近耄耋，在战国时代妥妥的算是黄土埋到锁骨的年纪了，但依然保持着一种心急吃不了热豆腐的心态。对于没有来到的机遇，那就得等着。

目前所谓的和平状态，那纯粹是暂时的。说不定什么时候局面就变了，而自己要做的，就是要抢在局势变动以前先行下手拿下整个相模。

## ● 相模称霸

在跟上杉朝良那大小数十次的战阵以及静待时机变化的过程中，伊势新九郎注意到了一个人，他叫三浦义同。

三浦义同，乃关东名门三浦家的后裔——就是当年镰仓幕府十三老臣三浦义村的子孙。此时他担任整个相模国守护代，虽然势力范围仅限于相模国的东部。

这家伙打仗尤为生猛，当年在上田政盛那档子事儿里，他担任了扇谷军的先锋大将，权现山城就是被他给拿下的。之后，又是他带领大军击败了前来援救的伊势家，接着又直逼小田原城下，要不是新九郎死命抵抗，估计那城都该被他给夺了。

如果想要称霸整个相模，那么必然要先把这个三浦义同给解决了。

只要消灭了三浦一家，那么扇谷上杉在相模的势力就会完全瓦解。相模对武藏的几个重要通道也能落入新九郎手中，彻底巩固他对相模与伊豆的控制权。除去三浦家，就等于拔去扇谷上杉唯一的獠牙。

在伊势新九郎看来，这几句话的关系是因果递进。

而且眼下也正是用兵的时候，虽然两户上杉正是同盟，可山内上杉因为背后有长尾为景牵制着，所以压根就抽不出手来做别的。这样可以使得伊势家顺利地避开两线作战这一糟糕情况。

永正九年（1512年）八月十二日，在毫无征兆的情况下，伊势新九郎突然发动了对三浦义同居城冈崎城（相模国内）的强袭。

这次他是集中了差不多全部的兵力，几乎是以波涛之势冲过去的。

所以三浦义同意料之内的没有挡住。不过三四天，冈崎城被攻下了，三浦一家退到了住吉城。

住吉城位于三浦半岛的入口处，从那再往东北走一点，就是上杉朝良的根据地武藏国（埼玉县和东京都）。

所谓三浦半岛，就是他们三浦家发家之地，毋庸置疑，当然也是三浦家的地盘，只不过是最后的据点罢了。

伊势新九郎并没有急着开打，而是下令先兴土木，在住吉的西北紧贴着武藏国境线的地方，又造起了一座城，取名为玉绳城。

造这座城有两个目的：首先，是作为攻打住吉城乃至整个三浦半岛的桥头堡；其次，也是将来打武藏国的桥头堡。

永正十年（1513）一月，玉绳城造完，战斗再度打响。

这一回三浦义同仍是没挡住，当月开打，当月都还没过完，他就弃了城池逃走了，跑到了位于三浦半岛最南端的新井城。

这地方不光是最南边，同时也是整个三浦半岛上最后一座城。攻下了它，三浦家除非能在海里生活，不然就真的彻底完蛋了。

几乎所有的家臣都表示要一鼓作气在最快的时间里攻下整个半岛。反正三浦家已经没了余力，从之前的两次攻防战中就已经能看出他们的实力了。

伊势新九郎却说未必。

上杉朝良是不会坐视三浦家就这么被伊势家给打挂的。而且，虽然说是最后的据点，但新井城三面环海，本来就不容易攻下，加上他们的粮草什么的还能依靠海路从武藏运来，所以这场战争，必然是一场持久战。

此时的新九郎已经81岁了，在八十多年的人生中，他明白了一个道理：哪怕你已经坐在棺材里了，只要没躺下，那就还有机会，千万不能着急，要静静地等着，等到机会来了，再奋起抓住。

一旦放弃或是没有等待机遇的那份耐心，那就意味着你的人生提前结束。

伊势新九郎下令三军将三浦半岛的陆上关口全部封锁，再买通了当地的海盗，让他们从水路上切断新井城的粮道，这样一来，除非是强行突破，不然三浦一家就会没有悬念地被活活饿死。

而强行突破的话只能是寄希望于武藏的上杉家，因为此时的新井城里，只有数百士兵，伊势家的大军则超过了两万。

这一年九月，上杉朝良看伊势家战又不战退又不退的架势，终于坐不住了。

他派了自己的养子上杉朝兴以及重臣太田资康，率着万把人就从武藏杀了过来。

太田资康是太田道灌的儿子。只不过真要论能耐的话，把他量产一打再捆一块儿都未必能抵他半个老爹。

至于那个上杉朝兴……

还不如他干爹呢。

狭路相逢勇者胜，如果两者都勇的话，则是智者胜。

双方的决战在一天之内便分出了胜负——完全不如亲爹的太田资康战死，那位几乎在战阵方面没什么可圈可点之处的上杉朝兴则逃之夭夭了。

而新井城则继续被围困了下去。

城里的五百人冲不出也走不脱,只得继续等着上杉朝良来救他们。可朝良也不知道是犯了什么病,虽然过一段日子就会发一次援军来救,可每次带兵前来的,居然都是那位上杉朝兴。

然后每次都毫无悬念地被打败。

这种围点打援的作战一连持续了四年。

到了永正十三年(1516年)六月,上杉朝兴又来送人头了。

这一回伊势新九郎直接把儿子氏纲给叫了过来,说你去一趟,实战出经验,把那个上杉朝兴给弄走。

几个小时后,捷报传来,说是上杉朝兴刚跟氏纲接阵,就下了撤退令,而且还自己抢先逃走,因为马好,跑得特别快。

七月十三日,在作出新井城已经弹尽粮绝这一判断之后,伊势新九郎下达了总攻令。

他们确实是弹尽粮绝了,一群人饿得是面有菜色,但却依然非常勇猛。几百个人一窝蜂地跟发狂一样在城里和伊势军死斗,在付出了至少七八百条人命的代价之后,伊势家才攻到了城池的最深处——三浦义同的所在地。

此时的三浦义同早已变成了一具尸体,在城门被攻破的那一瞬间,他就知道了结局,于是便和自己的儿子一起切腹了断了。

就此,整个相模掌握在了伊势新九郎的手里。

这一年,他83岁了。

永正十五年(1518年),跟新九郎较了十来年劲的上杉朝良病逝了,继承者是那个当年被打得连亲爹娘都认不出来的上杉朝兴。

不过这和新九郎都没关系,因为在这一年,他也正式宣布隐退,将家督之位传给儿子氏纲,自己则每天读书练字,颐养天年了。

177

顺便还制定了一部家法，叫《早云寺殿二十一条》，文如其名，总共二十一条。

过了些日子，氏纲跑来找新九郎，说他不想要伊势这个姓了，想改一个，改成北条。

就是那个遥想当年掌握着镰仓幕府实权的执权北条家的北条。

伊势氏纲的用意其实很清楚，眼下幕府权势日益衰微，而镰仓又被掌握在自家手里，趁此机会将姓改为北条，再图趁乱问鼎天下之机。

伊势新九郎说你要改就改吧，不必来问我，我老了，不管那么多了。

至此，伊势氏纲改名为北条氏纲，而他父亲，则叫北条早云。

早云的来源则是当年还在京都时，因为醉心佛法，老头专门给自己起过一个法名，叫早云庵宗瑞，简称早云。

永正十六年（1519年）八月十五日，北条早云召集家中子孙和重臣，表示自己快不行了，估计撒手人寰就在此刻了，所以有些话要跟你们交代一下。

儿子北条氏纲连忙问父亲您有什么话要说，我马上安排记录。

早云看了大家一眼，开口说道："小心。"

"小心？"氏纲不解，"小心什么？"

"诸事小心，方可成大事。"

"就算从石桥上走过，也千万要记得，用拐杖叩击桥面，确定不会坍塌，方能行走。"

"你爹我就是这么一步一步走过来的。"

北条氏纲点头，表示已经牢记在心了。

这一天，一代枭雄北条早云去世，享年88岁。

# 第十一章 斋藤道三

● 卖油的娘子水梳头,卖油的汉子砍人头

虽然在外面的世界中,大航海时代的危险和机遇如大海的巨浪一般不断席卷而来,但日本国内所发生的一切,却也丝毫不逊色于外面的波涛汹涌。

毕竟是战国乱世。

生在这个时代,对于很多人来讲是一种天大的不幸,但也有那么一些人,他们似乎就是为此乱世而生的。

且说在北条早云去世的那一年——永正十六年(1519年),正月刚过完元宵节,在京都发生了一件事。

近畿地区最大的食油供应商奈良屋,被山贼劫了几十车从美浓(岐阜县)运来的茌胡麻,作案地点是在南近江(滋贺县)琵琶湖边。不光货物被洗劫一空,就连负责押运的保镖们也基本上都被杀了个精光。

奈良屋当时的老板是个女人,叫阿万。

这在当时诚然属于比较罕见的事情,但毕竟是战国乱世,女人别说抛头露面做生意了,扛枪打仗的都有。

荏胡麻是战国时代产油的重要原料，没有它就没有油，而且这玩意儿京城附近不怎么产，唯有美浓那里的货才又多又好，所以一般大商家通常都会不惜花运费从那地方千里迢迢一车又一车地运回京城。

于是这就给了很多穷凶极恶的家伙们创造了无数个就业机会，那些个因战乱而失业的浪人武士以及本来就靠山吃山的地痞流氓再加上一些附近怀着能捞一票就捞一票的农民，纷纷组成了山贼集团，占山为王地劫掠起了过往的客商。

对此，商人们的对应手段只能是找人当保镖，外加万一被抢了之后去报官。

当然，后一条纯粹是给予自己心理上的慰藉，毕竟这兵荒马乱的时节，哪还有管这些事情的官。

但毕竟是十几车的荏胡麻，放京都市场上卖的话至少也在三五百贯——那个时候一贯能让一个成年人活一年。

所以奈良屋的那位阿万老板娘在报官之后，又发出重金悬赏，说是谁能抓住这批盗贼或是追回那批荏胡麻，重赏百贯。

然而，重赏之下，并无勇夫。

毕竟这年头就这样，别说是抢你几车货，哪怕是杀你几口人都是小事儿，自己能活下来就不错了，哪还有闲工夫去管别人？百贯赏钱听上去是挺诱人的，可也得有命去挣不是？

于是事情就这么被搁置了，日复一日，月复一月。

突然有一天，有下人前来通报，说有个叫松波庄九郎的油贩子前来求见。

奈良屋是大油商，但零售的点不多，主要靠批发。因此阿万以为这个叫松波什么的，无非就是想来抱个大腿，得个批发权之类，用现在的话来讲，就是来谈加盟的。

那就见见呗。

松波庄九郎走了进来，行了个礼，也不等阿万说话，自己先开了口："夫人，我是来送东西的。"

"何物？"

"不是什么了不起的宝贝，几车荏胡麻罢了。"

阿万一惊，脸色都变了。

但松波庄九郎只当没看见："也不是什么特别的荏胡麻，就是贵号之前被劫的那几车。"

当下人跑来告诉老板娘，说那几车荏胡麻现在确确实实地停在了自家店铺门外后，阿万惊得半晌没说话，愣了好一会儿才反应过来："我这就给你准备百贯赏钱。"

"不用。"松波庄九郎脸上平静得连一丝褶子都看不见，"如果夫人愿意赏我一碗饭，让我以奈良屋一员的身份来卖油，我就知足了。"

说白了，他想以奈良屋为后盾来做自己的生意。

阿万没有多做考虑便同意了这个要求，在松波庄九郎拜谢准备离去前，她又问了最后一个问题："这几车荏胡麻，你是怎么弄回来的？"

"这还不简单，找到那几个匪徒，把他们全杀光，自然东西也就拿回来了。"

说这话的时候，松波庄九郎依然脸上毫无表情，仿佛在跟阿万介绍昨天晚饭吃了几个菜一般。

他就是后来的战国三枭雄之一，织田信长的岳丈，人送外号"美浓蝮蛇"的斋藤道三。

## ●卖油也得有梦想啊

松波庄九郎如愿加入了奈良屋，并且不用受任何管束，继续走街串巷地卖油，但卖的确实是从奈良屋低价进来的上好产品。

靠着低价进高价出，着实赚了一笔。

有了钱之后，在阿万的扶植下，他自己开了一家门店，取名山崎屋。

短短两三个月，一个油贩子便成了油老板，用现在的话来讲就是基本实现了阶级跨越。

庄九郎本人对这种生活当然非常满意，毕竟那年头乱成那德行，能混个温饱就算不错了，做人不但要感恩，还得知足不是。

然而，正当他想着就这样平静地过上一辈子的时候，一个突然冒出来的不速之客又彻底打破了那一份平静。

那个人叫日护，通常喜欢别人叫他日护上人，这样显得有地位。

日护是庄九郎的旧友，确切地说，是他的师弟。

松波庄九郎年轻的时候，曾经在京都的妙觉寺出家当过和尚来着，法号叫日莲房。那时候的他可谓是相当拉风，不光人长得帅，大妈老太太小媳妇儿家里要做法事头一个挑的就是日莲房小师父，而且他对佛法的钻研也可谓是非常专业，当时整个妙觉寺里，说起辩论佛经奥义，他可是头一把交椅。

因为以上种种优势，所以在做和尚的时期，日莲房还得过一个外号，叫凤雏，就是人中之凤的意思。

他就是在那个时候认识了这位日护上人，不过那会儿的日护上人还只是个小毛孩子，整天跟在师兄后面师兄长师兄短的，几乎把他当成了自己的亲哥哥，而日莲房因为也没什么兄弟或是特别好的朋友，所以也乐得跟他混在一起。

之所以日莲房没朋友，是因为当时庙里的其他和尚都觉得这人是个精神病——其他人出家是为了混口饭，有点理想的则为了普度众生，而日莲房师父的梦想是成为武士，然后一统天下。

当武士也就罢了，还要统一天下，你这不是在说胡话？

唯独日护，对师兄的这份理想坚信不疑，从不把他当疯子。

后来师兄还俗去卖油了，师弟却还留在寺里敲钟。几年之后，师弟也离开了妙觉寺，虽然身份还是和尚，却不再愿意留在京都，而是选择了云游四方。

多年不见再度重逢，两个人都很激动。

日护告诉庄九郎说，这次是专门来京都找他的。

而从他一进门，庄九郎就在不断上下打量着自己的师弟，觉得他变了很多，最明显的是穿着打扮跟以前大不相同了：一身上好料子做的红色袈裟，一串上好的念珠，身上还散发着一股人为涂抹上去的熏香。这让庄九郎师兄不由得心生疑虑：现在云游僧的日子怎么那么好过了？

"我现在在美浓的常在寺里当住持。"日护似乎看穿了他的心思。

"难怪穿那么好……"庄九郎不由得点了点头。

当年的跟屁虫现在成了一寺之主，而师兄却只是个卖油的。

"师兄。"日护开了口，"我记得师兄以前跟我说，自己是武门出身，对吧？"

"嗯。"庄九郎点了点头，表示肯定。

松波家从很久之前开始，便代代都是北面武士。

所谓的北面武士，通俗地讲就是直接保护天皇，听皇家调遣的武士，由三百年前的后白河天皇首创。

按说松波家的地位其实也不低，只是到了他爹松波基宗那一代的时候，也不知干了什么事儿，突然就被罢黜了职务，成了一介戴罪之身的浪人。从那以后，松波家的日子便一天不如一天，到了庄九郎11岁时，不得已把人送去庙里出家，以便减轻家中负担。

"师兄，如果可以的话，你还想当武士吗？"

庄九郎愣住了。

想不想当武士？废话，当然想，做梦都在想。这还需要问吗？

只是，现在的他说到底不过是一介贩夫，凭什么再去当回武士？

"师兄，这个你不必担心。"仿佛知道庄九郎心中的疑问一般，日护非常胸有成竹地说，"一切交给我来打理就成。"

庄九郎一脸问号，说你怎么个打理法，总得跟我说个大概吧？

"你明天跟我走就是了。"他依然一副神神秘秘的样子。

次日，日护带松波庄九郎来到了京中一家宅邸。

出来迎接的是一个武士打扮的人，不管从衣服的款式布料还是其举手投足，都能判断出这是一个地位相当了不得的人物。

"我叫长井利隆，是美浓土岐家的家臣。"他这么自我介绍道。

美浓位于京城东面，距离京城非常之近，领地大概有六十万石，相当富饶。

当时那里的守护大名是土岐政赖——希望你还记得那位当年跟着后醍醐天皇造反但却死了儿子的美浓守护土岐赖贞，没错，后来美浓国代代都是他们土岐家的大本营。

再说土岐政赖，他有个弟弟叫土岐赖艺，兄弟俩曾经为了家督的位置大打出手过一场，结果是以哥哥的大获全胜而告终。弟弟赖艺虽然保住了性命，但却被流放到了美浓境内一座叫鹭山城的小城里过着郁郁不得志的小日子。

而这对兄弟尽管明面上还保持着一种相当微妙的和平，但背地里都在巴不得对方赶紧去死。与此同时，虽然弟弟名义上依然是哥哥的家臣，可实际上两人却已经断绝往来很久了，即便是逢年过节，弟弟也一直在自己的鹭山城里，从来都不去给哥哥问个好什么的。

不过，说起这个土岐赖艺，倒也算是个人物。

虽然他那一手治国安邦的能耐实在是不值得一提，可要论起琴棋书画之类的艺术造诣，我估计当时整个日本都没几个大名能够与其相提并论。

此人擅长作画，尤其擅长画鹰，其技能可谓是出神入化。土岐赖艺画的老鹰，因为有名，所以被称之为土岐之鹰，据说那逼真的程度，已经到了放在大门口能够吓走看门恶犬的地步。

有时候真觉得这人是生错了时代，他要是生在个太平时节，估计就是一代名君，只可惜，现在这时候，画出来的鹰还不如一碗能直接吃的米饭。

而那位长井利隆，便是土岐赖艺手底下的重臣，同时他也是日护的亲哥哥，松波庄九郎的那位师弟正是想通过他哥的关系，让师兄去土岐家谋一个家臣的位置，以便实现自己的武士梦。

虽然时为兄弟相残的大乱世，可总也会有那么几个兄弟相亲相爱的好例子。在听了弟弟的请求并和庄九郎交谈了一番之后，长井利隆非常爽快地表示，过几天就带庄九郎去美浓，引荐给自家的那位画鹰的主公。

两天后，松波庄九郎和长井家两兄弟一起抵达了鹭山城。

## ●领导是傻子也不全是坏处

因为是推荐当家臣，所以当然得把松波庄九郎之前的经历给原原本本地说给土岐赖艺听一遍。

虽然在日护的介绍中，庄九郎当年在妙觉寺里舌战群僧事件是被大肆渲染的重中之重，可土岐赖艺那家伙却似乎对他卖油的那段经历更为感兴趣。

以至于到最后他不由得看着对方感叹了一句："我可是头一回看到卖油的呢。"

对此庄九郎也只能点头称是，总不能说土岐赖艺足不出户没见识吧。

一旁的日护也只是赔笑，然后想将话题从卖油那里扯开，继续说一说自家师兄当和尚时候的各种聪明事迹。

"日莲房在我们妙觉寺里，不管是经文辨析还是佛前辩论，都是响当当的人物，甚至还有人在暗地里称他是一休大师转世呢。"

"等等。"土岐赖艺突然打断了他的话，"你叫……松波庄九郎是吧？"

"是。"

"我就觉得奇怪了，既然你在妙觉寺的时候如此风光前途大好，那后来又怎么会突然离开那里，去当一个完全和之前身份不能相比的油贩子？"

这问题还真难住了庄九郎，毕竟他总不能说，自己离开寺庙是为了在更广阔的天地里大有作为一番，以便夺取包括美浓国在内的全天下，可一时半会儿却也想不出一个能够糊弄过去的理由。

在低头沉默了好一会儿之后，庄九郎又重新抬脸正视着土岐赖艺："回大人，一切皆是因缘。"

"因缘？"

"是的。因缘，我离开寺庙；因缘，我成了油商人；因缘，我来到了美浓。用佛家的话来讲，一切都是定数，皆因有缘，才得以成就今日，并非是什么特别的理由或是原因。"

"嗯，你倒真是能言善辩啊，卖油的。"

"不敢当，在下只是照实说出自己的想法而已。"

"你还真是个有趣的人呢，好吧，既然是长井利隆的推荐，就留你下来吧。"对于松波庄九郎的到来，土岐赖艺并没有抱着什么特别感情——既不期待，也不反感，反正是自己重臣的举荐，留着赏一口饭便是。

应该讲这是松波庄九郎早就料到的剧情，毕竟这位土岐大人怠慢政务不惜人才的名声早就远扬全日本，但要是今天他就这么被当成了普通的一名路人甲，那估计今后想要出头，便是再无指望了。

于是，庄九郎连忙高声说道："主公大人，请稍等，在下自京城来，有礼物献上。"

"哦？有东西要给我？那就拿来看看吧。"土岐赖艺的表情有了一丝微微的变化，但大致还是跟之前没甚区别。

庄九郎从怀里摸出了一个小木匣子，双手捧了过去。

在打开匣子并看了片刻之后，土岐赖艺的双眼开始放出了光芒："这……这是……这是大明的宫墨吧？"

"主公果然好眼力，这正是大明皇家御用的宫廷墨宝，是我从京城高价买来的。早就听说主公作画天下一品，这才特地献上的。"

松波庄九郎偷偷地把"大人"给换成了"主公"以增加亲近，而土岐赖艺则一副欣然接受的架势。

此时他的表情已经完全变了，变得和过年拿到一大笔压岁钱的孩子一样："松波庄九郎，从即日起，你就去长井家当家臣吧，改名西村勘九郎。"

西村这个姓在美浓的地界上属于名门望族一类,据说还是土岐家的支流,只不过前任当家的死得早,连个儿子都没留下,就这么绝户了。现如今土岐赖艺让庄九郎改姓西村,等于是让他继承这个著名的家族,由此可见,那块从京都淘来的宝贝在土岐赖艺心中有着怎样的地位了。

## ●头功的奖赏,是主公的小老婆

大永七年(1527年),此时西村勘九郎来土岐家已经四年多了。

在这四年里,他尽到了一个负责内政的家臣的职责,把美浓国上下打理得井井有条。

不过比起内政,更大的成绩是他代表土岐赖艺跟当时美浓国的话事人①土岐政赖进行了一次洽谈,然后通过那次洽谈,大大缓和了曾经一度刀兵相见的兄弟两人之间的关系,至少让土岐政赖相信,自己的弟弟就是一个只会天天画老鹰的宅男②。

再说那土岐政赖,真的是土岐赖艺的亲兄弟:治国打仗都不行,吃喝玩乐前三名。

不过人倒是个好人——在他相信自己的弟弟不会对自己产生威胁之后,当真放下心来,继续过自己的开心日子了。

当年八月,土岐政赖宣布说中秋节快要到了,自己准备在居城川手城里搞一次赏月大会,届时希望包括弟弟在内的所有美浓上层人士都来参加。

土岐赖艺则依照惯例,表示自己在每年都会有那么几次不舒

---

① "话事人"源自粤语,"话事"是"决定"的意思,"话事人"即"可以做决定的人""做主的人"。
② "宅男"由日文"御宅"衍生而来,常用于指代长期足不出户的人。

服，今年的不舒服估计在八月，所以很可能去不了，不过为了表示对哥哥的尊重，他还是打算派一个代表代替自己，去献上真挚的中秋节慰问顺便再参加一下晚宴。

这个使者叫明智光安，他有一个侄子，叫明智光秀。

这明智家跟西村家一样，也是土岐家的分家之一，而且地位要比西村家高出很多。

临行前，西村勘九郎找到了光安，说是有事情要拜托他。

在美浓，要论跟勘九郎关系好的人，排在第一的自然是长井利隆那两兄弟，而排在第二的，则当数这个明智光安。

再说那明智光安，以为勘九郎是来给他送行的，刚见了面招呼都没打就说西村殿你客气了，这么点小事都要亲自出动。

勘九郎只问说你这次打算带几个人去？

光安想了想，又算了算，然后回答说，包括扛礼物的，总共二十来个。

勘九郎说那么着二十个人就全都用我们家的家臣吧。

光安摆摆手，表示不用，自己家里人手足够了，没必要再麻烦你了。

"我准备赶走土岐政赖。"西村勘九郎实在是懒得再跟他打哑谜了，索性把话给挑开了。

毕竟是无话不谈的朋友，因此听闻此言明智光安并不诧异，只是问这跟那二十个挑夫有关系吗？

勘九郎说详细的情况现在也跟你讲不明白，总之，这二十个人由我来安排，你带着去就行，八月十五赏月宴会的那天，就是决胜负的日子。

送走了明智光安跟那二十个家臣，西村勘九郎以最快的速度来到了土岐赖艺的跟前，告诉了自家主公一个惊天的秘密：土岐政赖想要害死你。

同时他还把那次去见政赖时的经历添油加醋地说了一遍,加了很多足以烘托气氛的桥段,比如被土岐政赖怎么羞辱啊,再比如土岐政赖是如何看不起自己的弟弟啊等等。

赖艺很快就信了,接着就开始怕了。

他曾经输给过他哥哥一次,害怕这次也会输,然后被杀。

看着他已经在发抖了的模样,西村勘九郎问道,说大人你应该不想死在自己亲哥哥的刀下吧?

答案不用说也知道,当然是不想。

"那么,就只有先下手为强这一条了!"

土岐赖艺问怎么个下手法。

西村勘九郎说你只要给我五百人马,其他的就别管了,我保证你在中秋节过后的第二天,入住你哥哥的主城川手城,统御全美浓。

"此话当真?"他很激动。

勘九郎点点头,没做声。

"我给你一千人马!"

西村勘九郎这回不得不出声了:"主公,人太多反而容易坏事,五百足矣。"

行动的日子被定在了八月十五中秋节。

那天,土岐政赖在川手城里设宴款待群臣,几乎美浓地面上全部的重量级人物都欢聚一堂,一边吃着东西一边看着月亮。

为了体现自己一代仁君的光辉形象,政赖还下令给那些没资格跟自己一块儿赏月的武士以及普通士兵发了赏钱放假一天,以至于当晚整座川手城里的守备力量,连一百都不到。

深夜的时候,西村勘九郎领着五百士兵来到了川手城下,然后发了暗号。

不一会儿，城门便被打开了。

充当内应的是明智光安带去的那二十个扛箱子的仆人，其实他们的真实身份是美浓一个叫蜂须贺正利手下的野武士。①

顺便一说，蜂须贺正利有个儿子叫蜂须贺正胜，是后来那位丰臣秀吉的旧相识，也是丰臣家的老家臣。

当西村勘九郎带着一群人杀进城内的时候，土岐政赖正在看歌舞，那些跳舞的女孩子都是他出了大价钱特地从京城给请来的。

结果无论是观众还是演员在看到了明晃晃的真刀真枪之后，无不吓得尖声大叫四下逃窜。

厮杀持续了不到半个时辰，勘九郎这一方便占据了绝对的优势，这时候，已经杀得浑身是血的蜂须贺正利出现在了他跟前："大人，土岐政赖不见了。"

"他莫非是出城了？"

"这个倒不会，城门全都被我们的人守着。"

最后，一群人是在城堡里的一个小仓库中，找到了正和几个随从一块儿躲着的土岐政赖。

"可恨……你这个卖油的……"在看到勘九郎的身影之后他似乎显得极为愤怒。

"现在这个卖油的，可是要把你给赶出美浓了。"

"我……我……我宁可死在这里，也绝对不离开一步！"

尽管这话的声音听起来是相当的歇斯底里，但在场的大伙还是明显地感到了其中的底气不足。

他怕了。

---

① 野武士指没有武士身份的武士。

191

"政赖大人，您就别犟了，给自己留一条命吧。"西村勘九郎顺手从边上士兵的手里拿过了一根长枪，"不然，油贩子就要用这支长矛，刺穿你的头颅了。"

他用枪尖慢慢地逼近土岐政赖，明晃晃的枪刃就在他的脖子下面左右摆动。

"如……如果我离开……是不是……我弟弟……就不杀我了？"

勘九郎笑了："赖艺大人素来为人宽厚，只要大人您离开美浓，他是断然不会再为难的。"

土岐政赖闻言，马上就迈开了步子，还一挥小手，示意身边随从跟着自己跑路。

"大人，别走这里，从城后门出去吧。"

政赖的离去，代表着这场战斗以土岐赖艺方的大获全胜而告终。第二天上午，赖艺本人便带着一千多人马浩浩荡荡地从鹭山城来到了川手城，因为只有这里，才是美浓国主该住的地方。

当他看到出城数里前来迎接的西村勘九郎的时候，显得非常激动，亲自跳下马来，将他从地上扶起："勘九郎，这次你是首功，我一定会好好赏赐你的。"

赏赐总共有两样，第一样是一座城——土岐赖艺将佑向山城赐予了西村勘九郎。

从此，这个卖油的便是一城之主了。

要说到底是战国三枭雄，尽管此时内心已然兴奋得小鹿乱撞了，但此时西村勘九郎依然一脸紧绷，只是拜谢了主公土岐赖艺。

而土岐赖艺则笑容可掬地表示，还有一件赏赐，晚上吃饭的时候再给你。

当天为了庆祝自己拿下美浓全境，土岐赖艺召开了酒宴。

宴会上，他拿出了，或者说叫出了第二件赏赐——深芳野夫人。那是土岐赖艺自己的小妾。

他准备送老婆。

这下西村勘九郎的内心就不是小鹿乱撞而是万马奔腾了。

他真心实意地表示了婉拒，但土岐赖艺不肯，死活不肯，趁着七八分的醉意表示，你不要就是看不起老子。

于是勘九郎也只能借着四五分的醉意，答应了下来。

## ●国盗物语

当了城主，得了夫人，应该算是双喜临门。

勘九郎之后的日子过得非常平静，除去打理自己的领地和帮助土岐赖艺处理一些政务之外，西村勘九郎做的唯一的一件事情就是刷人缘——跟美浓各路豪杰混关系。

天文元年（1532年），西村勘九郎正式结婚了——虽然土岐赖艺赏了个老婆给他，但深芳野夫人本质上属于妾，正儿八经的妻子，自然是另有其人。

正经结婚的对象叫小见姬，是明智光安的亲妹妹。

天文二年（1533年），在勘九郎的算计之下，他在美浓政坛上的绊脚石——土岐家重臣长井长弘，因涉嫌谋反而被判死罪。同时，鉴于长井家也是美浓名门，不可绝后，因此在土岐赖艺的安排下，勘九郎接收了长井家的全部家当，包括长井这个姓。

从此，他改名为长井规秀。

顺便一说，在长井长弘的全部家当里，也包括了他自己的居城——稻叶山城。

稻叶山城也叫井口城，位于美浓一座叫金华山的山顶上。早在三百多年前的建仁元年（1201年），一个叫二阶堂行政的人便在那里修建了一个小山寨，那便是稻叶山城的雏形。虽然后来一度被废弃，但进入室町时代之后，又被土岐家的人给重新修缮改造了一番，从原先的山寨变成了现在的城堡。

虽然目前还尚且只是一座看起来很破很小很单薄的城，但实际上这地方却是大有作为的。

金华山就高度而言尽管不是美浓最高的，但这座山地势非常险峻，山路崎岖陡峭，即便是年轻力壮的小伙子爬上去也至少要半个时辰。

而且通往山顶的山路只有寥寥数条，如果能够把城堡修建得又高大又坚固，再凭借着天险，那稻叶山城基本上就是一座难攻易守的要塞了。

事实上长井规秀在拿到稻叶山城之后的第二天，就开始对城池进行起了修缮，正是准备将其打造成整个美浓的最强城堡。

天文七年（1538年）接替长井长弘担任美浓守护代的斋藤利良病死，凑巧的是他跟长弘一样，也是个没儿子的主，于是土岐赖艺不得不再次寻找能够继承斋藤家的人选。

是的，你猜的没错，他看上了长井规秀。

于是长井规秀又改名为斋藤利政，并出任美浓守护代。

从帮助土岐赖艺夺取美浓开始算起，已经过了整整十年了。虽然说是天大的功劳没错，但在这十年里，美浓最高领导土岐赖艺大人，对这位头号功臣又是送老婆，又是送别人家的全部家当，现在连守护代都给了，你让其他代代侍奉土岐家几十年甚至从镰仓时代就开始侍奉几百年的家臣心里怎么想？

大家心里肯定是千言万语汇成一首歌：是他，是他，又是他，我们要弄死这个大人渣。

事实上，大伙心里是这么唱的，也是这么做的。

天文十年（1541）十月，土岐赖艺的两个弟弟土岐艺重和土岐赖满动员了国中将近万把人，把稻叶山城给团团包围了。

他们的口号是为了美浓国，杀掉卖油的。

因为对方来势过于突然和凶狠，以至于斋藤利政不得不宣布下野——日本战国时代的下野，一般指的是出家做和尚。

那天，在师弟日护和尚的协助下，斋藤利政住进了常在寺，并自己给自己起了一个法号，叫道三。

这也就是斋藤道三这个名字的来历。

在斋藤道三出家后没多久，美浓国内便陷入一片混乱。因为把他赶走后自己掌握国内大权的土岐赖满、土岐艺重两兄弟根本就压制不住其他重臣。像长井利隆这种刺儿头自不必说了，基本上隔三差五地给那哥俩上眼药，就连素来有老实人之称的明智光安也没放过他们，屡次三番地跟土岐赖艺吹风，说这样下去美浓要完蛋啊，得赶紧把斋藤大人从庙里弄回来。

而土岐赖艺虽然表面上没有明确表明自己的观点，但比起那两位亲戚，他的确更倾向于斋藤道三，证据之一就是尽管道三出家为僧再不问世事，但美浓守护代这个职务，却依然扛在他的肩上。

天文十一年（1542年）正月，土岐赖艺派使者来到了常在寺。

寒暄过后，使者笑容可掬地请求斋藤道三回到美浓，因为国家离不开您老人家。

斋藤道三说哪里哪里，我出家都快小半年了，也没见美浓怎么样啊，不挺好的吗？

使者连连摆手，说哪里好了，群臣各种内斗这也就罢了，南面尾张的织田信秀还天天出兵打我们，已经拿了好几座城了。这织田信秀的外号你也是知道的，叫尾张之虎，国内根本没几个能扛得住他,思来想去,也就斋藤大人您了。

斋藤道三当时就翻脸了:"尾张之虎来打你们了你们想到老子了?之前干吗去了?敢情这是拿我当夜壶吗,用完了床底一丢。那个土岐赖满不是厉害吗?让他去打呗。"

这话不说还好,刚一说完使者就急了:"斋藤大人,您怕是不知道吧?这土岐赖满勾结织田信秀啊。"

"什么?!"斋藤道三一脸惊愕,"怎么会这样呢?"

"就是这样啊,他还企图谋反,将土岐赖艺大人赶出美浓呢。"

"不能吧?他可是土岐赖艺的弟弟啊。"

使者只是一脸的苦笑:"斋藤大人,您又不是不知道,这世道,兄弟还不如家臣靠得住呢。"

斋藤道三若有所思地点了点头:"行吧,既然国中有难,我也就不再推三阻四了。本来,我是想在这里青灯木鱼了却一生的,但想到主公对我厚恩,再加上尊驾的诚恳,这才再度出山,为了主公,也为了美浓。"

使者千恩万谢,临别时,他答应了斋藤道三重出江湖的唯一条件——罢黜土岐赖满。

另一边,土岐赖满也是一脸蒙:老子怎么就跟织田信秀勾搭在一起了?老子根本就不认识他啊,是谁在传谣言坑害老子?谁?是谁?

当然是斋藤道三了。

话说道三师父是身在佛门心系庙堂,一听到织田信秀出兵美浓的消息,就当场安排手下散播谣言,说信秀之所以来打美浓,都是土岐赖满招来的,他这是准备跟尾张里应外合杀掉土岐赖艺,然后自己做美浓的老大。

就这样,土岐赖满被赶出了美浓的权力核心。

但斋藤道三却并不打算就此放过他，在重回庙堂的第二天，他便派人将赖满给暗杀了。

至此，整个美浓国基本上已经没有除斋藤家之外的任何势力了，无论是土岐家的亲戚们还是国家的重臣豪族们，无不团结在了斋藤道三的旗下。

当年四月，道三去了一趟大桑城，想见一见土岐赖艺。

毕竟也有知遇之恩，而且他一直觉得这家伙人畜无害本性不坏，所以还是本着先礼后兵的心态，想最后和土岐赖艺聊一聊。

进去的时候，土岐赖艺正在喝酒看歌舞，一副非常开心的样子。

看到斋藤道三来了之后他也不见外："道三，你也来一点儿酒吧。"

"大人，我这次来是有要事相告的。"道三在赖艺面前跪了下来，"请屏退左右。"

"何事？"他挥了挥手，姑娘们非常识相地退了下去，"你说吧。"

"我要和主公大人您分别了。"

"你……是要离开这儿？……打算去哪儿？"

"主公，不是我要离开，而是我想请你离开。"斋藤道三干脆把话给挑明了，"是希望你离开美浓。"

"我……"土岐赖艺一时间还没反应过来。

"坦白地说，我是想请主公你让出美浓守护大名的位子。"

"为什么？"在问了一句之后他终于明白了过来，然后狂叫道，"为什么？！"

"这个国家现在正处在深深的混乱之中，你不觉得这一切都是你的腐败无能造成的吗？"斋藤道三说道，"主公，你认为在这美浓之中，还有多少人的心是向着你的呢？"

197

"你胡说!"他一脸的恼怒,"我向来都是这样生活,并未给他人造成什么麻烦,难道不是吗?"

这还真是实话,土岐赖艺虽说那日子过得是糜烂不堪,可真要说他是个害人的暴君,似乎也不妥当。

只不过战国乱世,人畜无害的家伙往往会死得最快最难看。

"主公,你根本就不能维护国内的团结,如果邻国来攻,你觉得会发生什么?"

土岐赖艺没有出声,因为他也确实不知该如何作答。

"在主公的带领下,美浓是根本无法和南近江的浅井抑或是尾张的织田等诸侯一战的,到了那个时候,美浓的武士们会纷纷投敌,国家一样不保。而且,若真是因邻国入侵而亡国,那么主公即便是想隐居,却恐怕也办不到了吧。"

"那么,如果我答应你,让出守护之位,后面将由谁来接替呢?"土岐赖艺的表情相当复杂,"道三,该不会是你吧?"

斋藤道三没有说话。

"总之,我是不会同意的,你就不要妄想了,道三!"突然之间,他就咆哮了起来,"我当初真是瞎了眼!"

谈判失败——这是自然的。

当天晚上,斋藤道三把美浓几乎全部的重臣都叫到了稻叶山城里头,开了一个会。

会议的主题本来是想动员大家都站在斋藤这一边,共同赶走土岐赖艺。

其实也没什么可说的,大桑城里只有兵力两三百,而现在全美浓的力量都已经集结在了斋藤家手上,真要打起来,已然是不需要什么计划的。

所以在把发兵的日子定在了四月十九号深夜之后,斋藤道三便宣布散会了。

十九日，当斋藤家的大军行进到大桑城下时，城门自动地被打开了——守城的士兵纷纷倒戈。

大军顺利地杀了进去，直逼土岐赖艺的居所。

当他被惊醒的时候，压根儿就没想到发生了什么，在听手下说有人夜袭之后，还很淡定地来了一句："快去找道三，让他带兵前来镇压！"

手下很无奈地说打上门来的就是斋藤道三。

土岐赖艺蒙了。

他看着四下逃窜的家人和仆人，看了很久，很久，然后怒喝一声："都给我听好了！"

大伙一看主公大人要发号施令准备拼命了，连忙都停下了脚步，将目光一起投向了他。

"赶紧收拾东西！"

所有人又哄的一声散开了，纷纷去拿各种细软。

"画笔、画布、画像，一样都别忘了！"

"不要慌乱！镇定！别磕坏了！"

当斋藤军杀进他卧室的时候，里面已经没人了。

手下问道三，追不追？

道三说追，但我一个人去就行了。

因为土岐赖艺逃走的时候身边还带着女人，所以他们当然不可能骑马，用的都是两条腿在跑。就这样，骑着快马的斋藤道三，没多久便赶上了那伙人。

此时的赖艺正披着一块花布，估计是想装成女人，一行人看到道三之后，惊恐之状难以用语言表达。

"道……道三……你……你要将……将我们……赶尽杀绝？"

赖艺的声音都颤抖了。

"主公,你放心,道三此行,并无杀心,只是送别而已。"

"送……送别?"

"道三来美浓二十余年,一天都不敢忘记主公您的知遇之恩,今日既然分别,自然应前来相送。"

"你……你少说漂亮话了!"赖艺怒了,"我就是当初信了你这个不该信的人,所以才导致了今天的这个下场!事到如今,你还敢惺惺作态?!"

"主公,你说你信了不该信的人,那或许是没错,但你若是觉得你是因此才有的今天,可就大错特错了。"

"我何错之有?"

"主公,从我们赶走你哥哥土岐政赖,到今天也有十二三年了吧?这十来年里,你扪心自问一下,都做了些什么?你除了喝酒作乐,就是吟诗作画,你知道美浓的领民们,是在过着怎样的生活吗?你又知道美浓的武士们,都在干着些什么吗?"

土岐赖艺看着斋藤道三,没有说话。

"主公,长此以往下去,即便没有我斋藤道三,却也会有佐藤道三、近藤道三,只要美浓国内有能力有野心的人,都会盯上这个位置,只要你继续着这样的生活,便终究会落到今天这个下场。"

他低下了自己的头。

"主公啊,道三自知这种行为绝非臣下该有,但道三志在天下,意图结束这旷古大乱。所以,必然要用非常的手段,来实现自己那非常的梦想。"斋藤道三一边说,一边从马上跳了下来,"道三对不起你,主公。如果可以的话,还请受我最后一拜。"

"因为缘,让我碰上了主公,现在缘分已尽,所以,就此别过吧。"跪在地上的时候,他这么说道。

看着他们越来越远的背影,天不知何时已经亮了。

终于,当年那个卖油的将美浓一国握在了手里。

## ●下一部书的主角登场了

土岐赖艺被赶走之后,尾张的织田信秀收留了他,不仅礼遇有加,甚至还为他造了一栋非常奢华并带画室的住所。

其用意不明而语——织田信秀想要借着为土岐赖艺复国的大义名分,攻打美浓。

于是在天文十四年(1545年)的时候,信秀联合了越前(福井县)的朝仓家,带了一万多人直接就往美浓冲,一直杀到稻叶山城下。但好在斋藤道三把这座城打造得是固若金汤,那两位愣是没能攻下来,不得已只能在城下放了一把火后悻悻而退。

然后在天文十六年(1547年),织田家又来了。

出兵的原因是美浓最近不怎么稳定,到处都有土岐赖艺当年留下的残党欲孽,说是要赶走道三,迎回主公。

织田信秀在当年九月初发了动员令,九月中旬三军粮草准备停当,开拔出征,总人数两万六千。

当月二十二日,织田军入境。跟之前提到的天文十四年(1545年)那场联合朝仓家发动的井之口之战一样,在最开始的时候,他们凭借着人数的优势以及生猛的攻势,如入无人之地一般,再度顺利地杀到了稻叶山城之下。

然后他们还是跟上次一样,放了一把火,抢了一回东西。

这次信秀没有下令攻城,因为他知道尽管人多可这城却未必能攻下,所以在收获颇丰了之后,便下达了班师的命令。

在尾张军大肆劫掠稻叶山城城下町的时候，斋藤道三连一句话都没说，一个兵都没派出去跟他们对砍，只是静静地在城楼上看着。

当那些人准备扬长而去的时候，他笑了。

等的就是这一刻。

想来就来想走就走，走的时候还不忘抢点东西回去当礼物，你也太嚣张了吧？

斋藤道三望着退去的织田军，下达了追击令，然后憋了一肚子火的美浓武士们拼了命地将钢刀长枪举过了头顶，朝着织田军的背后扑杀过去。

因为来得突然，所以织田军也没什么防备，一下子就被杀乱了。再加上人数众多，混乱之后便很难恢复过来，所以很快局面就变成了一边倒。

就这样一直把织田军赶到了加纳口，前面是一条河，叫荒田川。

此时的织田军被这么撵着打了老半天，早就士气低落到了低谷，一看到有河，也顾不上危险，挨着个儿地就往里面跳，打算渡河逃走。

这时节凑巧正赶上荒田川水位高水流急的那会儿，一下子就淹死了不少人。

而紧紧跟在后头的美浓大军也没闲着，纷纷张弓搭箭，朝着河里的尾张人就是一阵猛射。

这一仗织田信秀被打得无比凄惨，折了人马将近五千，而且重臣也死了好几个，最要命的是他弟弟织田信康，也死在了这场战役里，并且连尸首都被美浓武士给得了。

长期以来一直以猛虎自居的信秀，这回也不得不服软了。

数日后，一个叫平手秀政的家伙来到了稻叶山城，他是织田家的使者。

这次来主要为两件事，第一件：要回织田信康的尸首；第二件，跟斋藤家交好结盟。

第一件斋藤道三当场便允诺了。

在这个时代，整个国家每天都陷于不断的战争之中，说句心里话谁都不知道自己明天会不会就跟织田信康那哥们儿一样身首分离，也不知道自己的身和首是不是会分离在自己的敌人手里。

在这样的情况下，每个人都不可能去为难任何一个死者，因为大家都明白，现在给人行个方便，兴许就是在为将来的自己行方便。

至于第二件，道三犹豫了很久。

说实在的织田信秀那家伙也欺人太甚了，这土岐赖艺跟他非亲非故，收留了人家不说，还屡次三番地打着恢复土岐家的名义跑来打自己，明明坐拥尾张一国还虎视眈眈地盯着美浓，胃口太大了吧？

而且一看打不过就马上来示好，虽说这是战国乱世的常态，可真要搁自己身上，总是会觉得对方不要脸的。

所以当斋藤道三在表示信康尸首现在就让人给抬着送去尾张之后，便只喝茶，不说话，意思就是双方交好一事就当没有，你喝完了这杯赶紧走人。

不曾想平手秀政居然是个厚脸皮，道三睁睁地看着他喝完了最后一口茶水，吮吸的嗞嗞声儿都听得真切，可他非但没有起身离开的意思，反而还来了一句："道三殿，美浓的水真甜啊，能不能再来一杯？"

一代枭雄斋藤道三，本质上也算是个体面人，终究是拉不下这张老脸，只得让人给他续了杯。

"道三殿，您就答应了老夫吧。"平手秀政一边喝水一边说道。

斋藤道三摇摇头，表示刚刚打完就结盟，这似乎有些唐突，还是等过一段时间再说吧。

"这年头战机瞬息万变，道三殿为何这般犹豫？"

斋藤道三想了好一会儿，然后点了点头："那就依你，和织田家修好吧。"

和信秀结盟，对美浓确实是有好处，这点倒是明摆着的。

只是斋藤道三也没有想到，这事儿压根就不算完。

再说两家结盟后没多久，没几天平手秀政再次来到了稻叶山城，这一回，他是来提亲的。

"令千金归蝶姬和我家少主信长年龄相仿，斋藤殿下难道不考虑让织田和斋藤两方结为亲家吗？"

信长就是日本史上一代风云儿，战国三主角之一的织田信长，当年不过14岁，因为行事作风异于常人，用现在的话来讲就是根本不干正常人干的事儿，因此人送外号尾张大傻瓜。

而归蝶则是斋藤道三的女儿，生在天文四年（1535年）。

这孩子人长得漂亮不说，口齿也伶俐，性格更是温柔贤惠，堪称是斋藤道三的掌上明珠。

所以一开始斋藤道三当然不同意，别说不同意了，甚至都有一种当场把平手秀政赶出去的冲动。

不过，道三倒不是因为织田信长行为诡异而不同意这门亲事，作为一国之主，在儿女婚姻方面考虑的第一个，自然是政治利益。

关于这位信长少爷，还有一个比尾张大傻瓜更不好的风传。

他是嫡长子没错，但他下面却还有个弟弟，叫织田信行，这孩子相貌堂堂不说，而且行为举止非常规矩，文韬武略也样样精通，并且深得父母尤其是母亲土田御前的喜爱。

土田御前这女人也算是个角儿了，尽管织田信秀威猛如虎，但家中的很多事务往往都会听他老婆的。

换言之，如果土田御前哪天突然说要把信长给废了，立信行为织田家继承人，那织田信秀很有可能像对待其他事情那样照办，更何况信长的所作所为本来就很糟糕，就算没这层关系，他被废也不足为奇。

对面斋藤道三的疑虑，平手秀政则毅然决然地说道："斋藤大人，织田家未来的家督，必定是信长少主。"

斋藤道三很不以为然："哦。"

"您不信吗？"

道三点了点头："这事儿又不是平手大人你能说了算的。"

"信长大人的顽劣，自幼便已经开始，可信秀大人非但不以为意，反而还大加赞赏，从来都没有一丁半点想要更改继承人的意思。"

"你是说你们家的那位尾张之虎其实和他儿子是一类人？"

"非也。"平手秀政的脸上不知何时出现了一层厚厚的凝重，"信长少主虽说顽劣，却并非是愚笨的不成器之人。他只是性格和其他的孩子不同罢了。"

"平手大人，您到底想说什么？"

"现在是一个古今未曾有过的乱世，能够终结这个乱世的，也必将是一个古今都未曾出现过的特别之人，而我们家的信长少主，一定会成为这样一个旷古未有的人物！"

"特别的乱世要由特别的人来终结，这个说法还挺有趣的，平手大人，这是你的想法吗？"

"不是。"平手秀政摇了摇头，"这是我家主公信秀大人说的，所以，织田家的继承人，必定是织田信长。"

斋藤道三沉默了。

他思考了良久，答应了。

这天晚上，斋藤道三来到女儿归蝶的房内。和女儿说起了这桩婚事。

出乎意料的是，时年13岁的归蝶对这个比她大一岁的男孩充满着好奇，并没有出现父亲想象中的抗婚之类的举动。

于是道三将自己随身的短刀给了女儿，说道："结婚后，如果他真的如同传闻那般是个傻瓜的话，那就用这把刀杀了他。"

归蝶接过了刀嫣然一笑："若他不是个傻瓜而是个大才的话，那么这把刀可要对向父亲您喽。"

如夫君乃大才，归蝶或与夫君杀父。

有其父必有其女。

天文十八年（1549年），织田信长和归蝶完婚。

## ●女婿坑丈人，这是一种传统

话说归蝶嫁去尾张后，织田信长依然是不改之前的行事作风，这让斋藤道三非常不爽。

他决定亲眼见一见信长，用自己的双眼——被誉为战国枭雄的自己的双眼，亲自来看一看，鉴定一下，自己的女婿到底是怎样的一个人物。

就这样，道三向信长发出邀请，请他来美浓晃一圈，大家见个面，喝个茶。

其实也不光是为了见面，斋藤道三还有一个准备，就是如果感觉信长不错，那也就这么过去了，要是觉得这人根本配不上自己的女儿，那便在美浓就地扑杀，然后率大军攻入尾张。

天文十八年（1549年）九月，信长率领着一支百余人的队伍来到了美浓，他将在这里的圣德寺和自己的岳父，拥有美浓蝮蛇之称的斋藤道三见面。

虽然心怀杀念，但道三本质上还是个正经人——对于这次翁婿相会，他非常重视，拿出了珍藏多年的礼服穿在身上，并且各种梳妆打扮，还时不时问家臣，信长到哪儿了。

到了快吃午饭的时候，有人来报，织田信长已经快要抵达圣德寺了。

斋藤道三点了点头："他穿了什么衣服？"

手下看了他一眼，没说话。

道三说你干吗不吭声，他穿什么颜色的衣服总能告我一声吧？蓝的白的还是黄的？

"织田大人没怎么穿衣服……"

斋藤道三忍不住问道："什么叫没怎么穿衣服？"

"他就弄了一块布披在身上，然后露出半个肩膀……就那种打扮……"

虽说有些出人意料，但一想到那是织田信长，似乎也又在情理之中。

道三对家臣说，我们先去看看他，你去圣德寺附近安排一处民宅，我偷偷地看一眼。

一行人很快就借来了一处沿街的宅子，透过上面的小窗，能够清楚地看到街面上发生的一切。

"来了！"家臣指着外面正走过来的一队人马小声说道。

这是一队约莫一百人的队伍，让斋藤道三感到惊奇的是，这些人大多数手里面的武器，并非是传统的长枪，而是铁炮——就是火绳枪。

粗略数了数，竟然有七十多杆。

位于队伍中间骑着一匹高头大马的人，自然是织田信长。凭良心讲小伙子长得还是很不错的，一身结实的小肌肉，周围围观的老百姓里几个小姑娘看得脸都红了。

只不过他的穿着打扮确实极为不雅，真如那位家臣所描述的那样，是"没怎么穿衣服"——只是将一块布将自己的半个身子包了起来，另外半边则裸露在外，腰间扎了一根草绳，挂着一个葫芦。

时不时地，他还把那葫芦举起来，放在嘴边喝上一口，估计里面装的是酒。

跟着一起偷窥的家臣们顿时暗骂声一片，说这个太装模作样了，不行，太装模作样了。

"他这是想效仿东床啊。"斋藤道三轻轻地叹了一声，"这小子，读书倒是读了不少。"

所谓东床，指的就是在东晋，有太尉郗鉴要跟同为超级大豪族的王导家通婚，派了个仆人跑王家选女婿，王导说，我们家的儿子都在东厢候着呢，你自个儿去选，我就不陪着了。那仆人到了东厢，果然看到全体的王家子弟都正襟危坐地杵那儿，不是双目紧闭装正经，就是两眼空虚地扮文艺。要说郗家的仆人也有眼光，看出来这帮傻小子各个都在装正经人，没一个有能耐的，不禁把头直摇。正当他准备失望而归的时候，突然听到东厢里屋有奇怪的声音，心生好奇的他不由得循声而去，看到一个年轻人正躺在床上，穿着极为随便，还露着个肚子，人也喝得烂醉，一手还拿着东西正吃着。打听之后才知道这也是王家的儿子。

仆人回去把王家发生的一切都原原本本地告诉了郗鉴，结果郗太尉说，那个躺在东床上不做作的家伙，才是我的女婿啊。

那个东床的女婿，正是一代书圣王羲之。

在斋藤道三看来，织田信长玩这套，无非就是想告诉自己：第一，他是个洒脱豪爽的人；第二，他放荡归放荡，但也是个饱读诗书，通文晓武之人。

而道三则是一脸的不屑。

幼稚，真是幼稚，相当幼稚，极其幼稚。

这年头，要说比抖机灵，没人能是自己的对手。

斋藤道三缓缓地将自己的衣服脱了下来，然后叫过左右："来，给我一块布，要破的，越破越好，我也这副打扮去见他，看看他那吃惊的样子。"

既然你想扮东床快婿，那我就陪着你演一出东床快丈。

小子诶，爷还真是期待你到时候的表情啊。

按照规矩，织田信长是小辈，要先在房间里面候着。

当斋藤道三裹着一身破布，散发着怪味，慢慢踱着方步走进会客厅后，眼前的信长却着实让他傻了眼。

此时的女婿已经全然不是刚刚他们看到的那副样子了。而是规规矩矩穿着一身正规的流纹礼服，用极为标准，极为美观的姿势，端端正正地坐在坐垫上。小伙子人长得本来就帅，再加上这身礼服，一表人才啊。

尴尬了。

别的已经都无关紧要了，关键是现在的这种情况，一个穿得整整齐齐漂漂亮亮的美男子尾张少主，一个整就一破衣烂衫宛如讨饭归来的美浓国主，两相这么一对比，斋藤道三简直无地自容。

信长要是腹黑一点，估计就该跳起来大喝一声："呔！哪儿来的要饭的，给我叉出去！"

反正他是著名的尾张大傻瓜，就算这么喊别人也会觉得很正常。

可斋藤道三就不一样了,他可是蝮蛇,美浓蝮蛇,永远是一副严谨而又阴险,狡诈并且虚伪的道貌岸然形象,现在却在此丢了人,以后还怎么混?

然而,就在道三倍感尴尬的时候,更加尴尬的事情发生了。

这尴尬的事情就是——什么也没有发生。

通常女婿看到丈人穿成这德行,怎么着都会多问一句:爹您今天怎么了?

这不但是一种关心,也是一种给台阶的方式。

至少能够给一个机会,让道三解释一下发生了什么,掩饰一下自己,同时顺利地下了这个台阶。

可织田信长却只是站起来,非常彬彬有礼地来了一句:"岳父大人在上,受小婿一拜。"

说着,毕恭毕敬地行了个大礼。

一切的一切都显得那么自然,那么理所应当。仿佛在他信长眼里,自己的岳父就该是这副模样,自己的岳父本身就是一个老叫花子。

连下台阶的机会都给堵死了。

见面谈些什么已然是不重要了。因为这次交锋,斋藤道三知道是自己输了,而且输得非常彻底。

同时,他也深深地见识到了自己这位女婿的可怕之处。

首先,这是一个不按常理出牌的家伙。他早就知道老丈人在暗中窥探他,也算准了当美浓那群人看到他那一身破布装扮之后会认为他会就穿着这一身来参加会见。

其次,他是个极其聪明的人。

恐怕他早就预料到当斋藤道三看到他的装扮之后,会觉得他是在效仿当年的王羲之,甚至连老丈杆子会将计就计也穿一身破衣服去圣德寺这茬儿都已经算到了。

第三，也是最可怕的——这小子今年不过 15 岁。

再过十来年，谁知道会是个怎样的人物？

"恐怕，我的儿子和孙子们，都得给这小子牵马啦。"

那一天，斋藤道三当着所有家臣的面，如是说道。

## ●蝮蛇，果然是会咬死同类的动物啊

斋藤道三口中那未来会给信长牵马的子孙，其实主要指的是他和深芳野生下的大儿子斋藤义龙。

虽然道三并不怎么喜欢这个儿子，但毕竟是长子，因此也一直把他当继承人来养的。

直到天文六年（1537 年），小见姬为他生下了正经八百的嫡子孙四郎。

那一年斋藤义龙还叫丰太郎，时年 11 岁，是个干啥都不行的家伙。身材羸弱不说，就连读书也很烂，跟他爹小时候完全不能相提并论，同时这家伙口齿也相当不清，说起话来断断续续，结结巴巴。

反观孙四郎，从小就是个伶俐的孩子，能说会道文武双全，兄弟两人在美浓地方上的评价基本是一个天一个地。于是在之后的几年里，斋藤道三很自然而然地把爱心重点全部转移在了孙四郎的身上，同时，也分给了孙四郎的弟弟喜平次。

因为以上种种原因，从而使得丰太郎愈加不受他的待见。同时，周围的家臣看到这种情况，也一个个地不再把他当一回事儿，转而纷纷跑去向孙四郎卖好。

再到后来，就连孙四郎也开始看不起自己的哥哥，在心底里把他当成低自己一等的家臣。

话说有一次，13岁的孙四郎跟已经二十好几，都改名为斋藤义龙的丰太郎碰上了。

结果哥哥不知怎么的就撞了弟弟一下，按常理，这种事情太平常不过了。然后斋藤义龙并没有开口道歉，而是点了一下头，算是略表歉意。

其实这也没啥，毕竟对方是兄长，又是美浓将来的继承人，这弟弟不但辈分小，而且还是个臣子，人家能给你点个头就算不错了。

可孙四郎却不依不饶上了，他用手指着斋藤义龙的脸直接怒骂，说你丫不长眼还缺德吗，走路看不到人也就算了撞上了都不知道说一声对不起？你小时候私塾先生没教过你要讲文明懂礼貌啊？

斋藤义龙脸憋得通红，可就是回不出一句话来。

孙四郎当然知道他哥自幼口齿不清，于是便愈发得意地打起了落水狗。一旁的家臣都已经看不下去了，可他还是不依不饶，甚至上前一步，拉着义龙的衣襟，将之前的责骂之词换了一种方式车辘辘似的反复念叨。

当时斋藤道三就在一边，但并没有出手，因为他想看看义龙到底会如何解决此事。

结果他看到义龙两眼直勾勾地盯着自己，那眼神里充满了屈辱和求助。

于是道三走上前去，拍了拍孙四郎的肩，说你别太过分了，好歹也是你哥，走吧，回去了。

而孙四郎嘴里还在嘟嘟囔囔："什么哥啊，小老婆生的野种！"

据说义龙留在那个地方，一直目送着那对父子，也是自己的父亲和弟弟离去，然后一个人站到了天黑。

随着年龄的增长，斋藤道三对于两个小儿子的喜爱之情也愈来愈深。天文二十三年（1554年），他宣布退隐二线，住进了鹭山城，同时让斋藤义龙出任家督，住进了稻叶山城。但不久之后，他又在公开场合表示，自己死后，整个美浓国的继承人，将会是孙四郎。

就这样，孙四郎取代了他哥哥，同时，那座稻叶山城也被要求交给孙四郎。

对此，斋藤义龙并没有提出任何异议，只是表示，自己需要一点时间做交接工作的准备，所以，请不要太急。

然后在弘治元年（1555年）十月初的时候，他突然就病倒了，据说是病得很重，已经连走出稻叶山城的力气都没有了，想让父亲和孙四郎一起进城一趟，见自己最后一面。

斋藤道三没去。因为他觉得这多半是义龙装病，目的是博取自己的同情。

而孙四郎则带着弟弟喜平次在二十二日，进了城。

迎接他们的是睡在病榻上一副快要死了的样子的斋藤义龙。

孙四郎说兄长你身体如何了，还活着没？

斋藤义龙突然就爬起来，大呼一声：还不动手？

周围杀出了几十个拿着明晃晃钢刀的精壮汉子，将那两人当场剁成了肉泥。

消息传来，斋藤道三明白，自己失算了。

斋藤义龙把他叫过去并非是想博取什么同情，根本就是打算把弟弟和老爹一块儿连锅端。

而在杀掉自己的两个弟弟之后，斋藤义龙以让人惊讶的飞快速度完成了接下来的一系列动作：招降弟弟的家臣，拉拢家中其

213

他重臣，然后，率军开赴父亲所在的鹭山城。

一直以来，斋藤道三都以为这家伙是个连一句话都说不利索的没用废物，却不想现在就是这个废物，要把自己逼入死境了。

弘治二年（1556年）二月，当义龙的大军兵临鹭山城下时，斋藤道三不得不也率领只有对方三分之一人数的兵力出城迎战——如果美浓的国主不战而逃，那么将会大大动摇整个美浓的军心和民心，只会让局势更加不利于他。

在阵前，父子相见了。

斋藤道三也是生平第一次注意到，这家伙居然长得那么高大了，身高足有六尺，在那个平均身高只有四尺不到的国度，算是罕见的巨汉了。

"斋藤道三，今天就是你的死期了！"斋藤义龙叫道。

两军胶着一片，打到天昏地暗。

自然，是当爹的输了。

当天夜里，斋藤道三从鹭山城突围，一路上转战美浓，之后，且战且退地来到了大桑城。

这是土岐赖艺当年的据点，同时也是斋藤道三现在能够掌控的最后城池了。

此时的他手里士兵已经不足两千，从收到的消息来看，斋藤义龙的大军已经在半道儿上了，不过数日便能来到城下，他们的总人数有两万。

大桑城的防御工事造得还不如鹭山城，真要据城死守那还不如直接开城投降。

虽说明知道已然是没了活路，但人这种东西就是这样，哪怕是刀口对着脖子了，只要还没切下去，总会挣扎一下的。

弘治二年（1556年）四月二十日，斋藤道三和斋藤义龙决战于长良川边，因兵力悬殊而战败，斋藤道三本人也战死在军中，享年63岁。

在此之前，他趁着空当儿留下了自己最后的文字，这封遗书现在依然被保存在京都的博物馆中。

在遗书中，斋藤道三首先表达了惊讶之情——他从未想到过，那个多年来被自己视作白痴的儿子斋藤义龙，竟然有着如此强大的能耐，连自己这个纵横江湖几十年罕逢敌手的老将都输在了他的手里。

接着，道三表示，即便如此，强中自有强中手，自己的女婿织田信长一定可以战胜斋藤义龙为自己报仇，同时，自己作为美浓之主，将把美浓一国托付给女婿信长。

平心而论，斋藤道三这一生都犯了一个所有父亲都会犯的错误，那就是没有看清自己的儿子。

他到底也没有真正认识到斋藤义龙的能力——事实上后来织田信长拿着这封遗书作为攻打美浓的大义名分，数次发起了侵攻战，都被大舅子斋藤义龙给轻松化解。

如果不是义龙本人突发脑溢血身亡，可能信长这一辈子都摸不到美浓的寸土方圆。

当然，这是后话了。

战国时代真正的波澜壮阔，现在才将拉开序幕。